LE GRAND
MALAISE

Structure dictatoriales
à discours démocratiques

LE GRAND MALAISE

Imprimé par Copy Edge Digital Printing
Imprimé aux USA

Pour toute commande ou renseignement, s'adresser à:
« VoiceYourself »
marielle.coeytaux@yahoo.com

à « Mr. Hampe »,
mon professeur de lycée,
qui m'a enseigné le droit à la réflexion personnelle

Remerciements

Je tiens à témoigner ma reconnaissance aux quelques personnes qui ont activement contribué à l'élaboration de ce livre.

A **Josette Santamaria**, pour son aide précieuse dans l'écriture proprement dite de ce manuscrit. Grâce à ses connaissances de la langue française, elle assura une lecture rigoureuse du texte et y apporta les révisions nécessaires. Ses encouragements et son soutien moral ont été les stimulants, sans lesquels je n'aurais peut-être pas porté ces écrits jusqu'à leur publication.

A **Berthe Davière**, que je remercie tout particulièrement pour son chaleureux soutien affectif et spirituel lors des divers événements qui m'ont amenée à écrire cet ouvrage.

Au **Dr. Claude Steiner** et à **Rémy Filliozat**, deux illustres Analystes Transactionnelles qui ont grandement influencé l'analyse que je présente dans ce livre. Rémy Filliozat, formateur et psychothérapeute sur Paris, a fondé avec son épouse Anne-Marie, l'Ecole de Santé Holistique (SA-MA-SA).* Claude Steiner, docteur en psychologie et psychologue clinicien en Californie, est co-fondateur de l'Analyse Transactionnelle et créateur des outils d' « Alphabétisation Emotionnelle ».** Ces deux grands enseignants – l'un français, l'autre californien – m'ont beaucoup éclairée sur le fonctionnement de l'être humain et sur le rapport de Soi aux Autres, thème principal de ce livre. Je leur suis éternellement reconnaissante de m'avoir donné les outils pour « mettre des mots sur nos maux » (expression empruntée de Françoise Dolto).

* http://conseils.en.sante.free.fr
**http://www.claudesteiner.com/

5

Au **Dr. Anne Kohlhaas-Reith**, Analyste Transactionnelle a renommée internationale, qui est ma superviseure et mon « mentor » professionnel. Je dois à cette femme, qui est dotée d'une profonde intelligence (de tête et de cœur), une reconnaissance particulière. Par son accompagnement, effectué avec une douceur et une authenticité peu commune, elle m'ouvrit des horizons qu'elle ne soupçonne même pas.

Et à **mes quatre merveilleuses filles**, qui, de par leurs existences mêmes, m'ont motivée pour chercher à comprendre toujours davantage. Par elles (en commençant par leur venue au monde : conception et accouchement), j'ai compris qu'un enfant n' « appartient » pas à ses parents. L'enfant est l'auteur principal de sa vie (de sa venue au monde et de sa croissance) et possède son propre moteur interne, que l'on ne peut qu'accompagner (protéger ou endommager) en tant que parent.

Voici l'aboutissement de mes recherches – motivées par mon amour pour mes enfants (et tous les enfants du monde) – qui sont rapportées, pour vous, dans ces écrits.

PREFACE

de Claude Steiner

En lisant « Le Grand Malaise » de Marielle Coeytaux, je fus très impressionné par son analyse historique et linguistique développée de l'influence du patriarcat sur la culture française et occidentale. Ma réflexion ici se portera sur le thème central du livre : la lutte globale entre patriarcat et démocratie.

Apres des millénaires de domination patriarcale – un système global qui exploite les gens et leur vole leur pouvoir, leur individualité et leur liberté de choix – nous entrons dans une nouvelle ère de potentiel énorme pour la démocratie. Le schéma, qui diminue et appauvrit le pouvoir des individus, est le schéma patriarcal de domination, qui exploite la majorité des gens au bénéfice d'un petit nombre d'hommes puissants et leurs descendants de choix (laissant les autres se débattre pour survivre). Le système qui vient déplacer ce schéma (qui tant appauvrit le potentiel collectif humain) est la Démocratie. La Démocratie est un système basé sur le principe d'égalité de droit au regard de la loi (pour tout être humain), et d'égale d'accès au libre développement de son plein potentiel, son savoir, sa spontanéité et son intimité.

Le système patriarcal – comme le développe Coeytaux – n'est qu'une extension, a forme « civilisée » de la logique territoriale et hiérarchique pratiquée par les primates. La suprématie masculine chez les gorilles évolua naturellement vers un système humain qui permit aux vieux hommes puissants de dominer la société, avec l'aide de leurs lieutenants désignés, males et femelles. Ce système patriarcal domina l'humanité, sans interruption, depuis l'aube de l'humanité. L'avancée constante, bien que vacillante, de la démocratie (que certains datent d'Athènes, en 500 BC), est une réaction contre l'oppression de cet ancien régime patriarcal de hiérarchies et de domination. Nous

nous en libérons au fur et à mesure que nos cultures s'éloignent des fonctionnements de survie simiesques et ancestraux. Durant les 2500 depuis son existence, la démocratie se voit engagée dans une gigantesque bataille contre le patriarcat ; lutte qui est ponctuée par de dramatiques avancées pour la démocratie. C'est une lutte qui s'effectue à plusieurs niveaux ; les mécanismes d'oppression patriarcale sont complexes. Certains sont évidents, comme les lois sur l'héritage des terres, les tortures et mises-a-mort de l'Inquisition, les guildes professionnelles, l'inégalité des salaires, les restrictions au droit de vote, etc..., les lois protégeant le patriarcat sont sans fin. Certains autres mécanismes d'oppression sont plus subtiles et dissimulés dans la culture (les attitudes, les conversations, et surtout – comme le développe Coeytaux – dans les habitudes linguistiques).

L'avènement du Christianisme fut un pas crucial dans l'évolution d'eloignement du patriarcat. Les patriarches de la société juive ont farouchement attaqué le Christ (finissant par le crucifier) pour son message d'amour et d'égalité devant Dieu des pauvres et des opprimes. Son message fut corrompu par la suite de façon criminelle par les patriarches de l'Eglise Chrétienne, mais il fut néanmoins suffisant pour semer les graines d'une perspective démocratique mondiale plus humaine. Les révolutions française et américaine, comme le souligne Coeytaux, l'émancipation des esclaves américains, les diverses vagues de féminisme, le « Civil Rights Movement » (Mouvement pour les Droits du Citoyen) aux USA, étaient de nouvelles expressions et impulsions démocratiques, qui contribuèrent largement à diffuser ces idées de par le monde.

La Démocratie est basée sur deux principes : Liberté et Egalité, tous les deux contradictoires aux principes patriarcaux (qui eux sont basés sur les hiérarchies, et – si nécessaire – la domination violente). Dans la dernière partie de son livre, Coeytaux offre une précieuse analyse des voies qui mènent vers la liberté dans la société moderne.

Ceci est un livre instructif et éclairant pour toute personne intéressée par une analyse détaillée sur l'extraordinaire impacte du Patriarcat et de la Démocratie dans la société contemporaine.

Claude Steiner
Novembre 2008

AVERTISSEMENT

Ce livre n'est aucunement une critique des *Français.* C'est une analyse critique du *système* qui nous régit et nous handicape. Je tiens à préciser que la France n'a pas le monopole de la problématique que je décris ci-après. Mais elle a le malheur d'en être « atteinte » en profondeur, car elle le porte en elle de façon *structurelle :* il est profondément inscrit dans l'ensemble de ses *structures* sociales (institutions politiques, religieuses et familiales). Et nous ne le savons pas, car un verbiage politique nous amène à croire autrement...

PREMIERE PARTIE : *LE DIAGNOSTIC*

Introduction

Nous savons aujourd'hui, grâce aux études effectuées en programmation neurolinguistique (PNL), que notre langue maternelle structure nos pensées. Elle véhicule des logiques, des concepts, des symboles. Les personnes qui connaissent plusieurs langues savent aussi que chaque langue contient sa propre grammaire, ses propres structures, ses propres notions. Ainsi, notre façon de penser et nos logiques sont en quelque sorte « programmées » par notre langue maternelle (celle qui nous a accompagnés durant notre enfance). Nous sommes ainsi « formés et déformés » par elle. En prendre conscience devrait permettre à ceux qui le souhaitent de se débarrasser des notions et des logiques « déformantes » qui les desservent.

Il y a, dans notre culture française (latine) une croyance erronée qui brouille notre système relationnel et qui le rend dysfonctionnel. Cette fausse croyance s'appuie sur un concept complètement abstrait – totalement fabriqué par l'esprit de l'homme – qui est à l'origine de nombreuses violences interrelationnelles. En effet, ce concept rend légitimes les *jeux de pouvoir* et dénature les relations d'amour. Artificiel et illusoire, il déforme les lois d'équilibre de la nature et entraîne les gens dans des relations de dépendance, les empêchant de grandir en maturité, de se prendre complètement en charge et d'être en pleine possession de leur potentiel humain. Il fait entrave à la croissance naturelle vers l'autonomie et fait obstacle à la loi de *réciprocité* et au développement de l'*empathie* et de la *compassion* (dont notre monde a tant besoin aujourd'hui). Il est aussi – et il faut le savoir – la pierre angulaire qui tient l'édifice des dictatures, de l'esclavage et de la servitude. Il s'agit donc d'un constat sérieux.

I. NOTRE LANGUE VEHICULE UNE « FAUSSE CROYANCE »

A. LA FAUSSE CROYANCE

Il s'agit de la croyance selon laquelle certaines personnes seraient « intrinsèquement supérieures » à d'autres, et qu'à ce titre, elles peuvent se permettre de « faire la Loi », c'est-à-dire d'imposer leurs volontés aux autres. Ces personnes, en tant qu'*êtres supérieurs*, se donnent pour mission de **penser pour les autres, de leur dicter ce qu'ils doivent faire ou ne pas faire, et de punir ceux qui ne vont pas dans leur sens.** Ainsi, au nom de leur supposée « supériorité intrinsèque», une catégorie d'individus dénie aux autres le droit de penser et de décider pour eux-mêmes.

Cette croyance (de *suprématie* des uns sur les autres) se traduit dans la langue française par le terme « *autorité* », ainsi défini par le « Nouveau Petit Robert » (édition 1996) :

> « 1. droit de commander, pouvoir (reconnu ou non) d'imposer l'obéissance. = commandement, domination, force, puissance, souveraineté. L'autorité suprême, autorité du souverain, du chef d'Etat, l'autorité du supérieur sur ses subordonnés, du chef sur ses soldats (= hiérarchie). Autorité paternelle, parentale. Autorité du tuteur sur le mineur (= tutelle). Autorité légitime, établie ; illégale, usurpée. Autorité absolue, despotique, dictatoriale, sans limite, sans contrôle… ».

Le mot **« autorité »** vient du mot latin « *auctor* », qui signifie *auteur, créateur, inventeur, père, maître, fondateur, enseignant, promoteur…* *.

Ainsi, « faire autorité sur autrui » signifie *se faire l'auteur (se poser en créateur) des actes d'autrui.*

---

* Cf. Oxford Latin Dictionary

Ce concept de l'*autorité (de supériorité hiérarchique)* est une pure invention de l'homme*; un dogme artificiel, entièrement fabriqué par son imaginaire pour répondre à son désir fantasmatique de toute puissance. C'est une déformation de la notion *d'autorité de compétence* (la juste reconnaissance d'une compétence *spécifique* dans un domaine *spécifique*), qui est une donnée naturelle et bénéfique aux relations humaines.

B. SA GENESE : UNE « ERREUR ORIGINELLE »

Ce concept d' « **autorité de pouvoir** » – qui accorde à certaines personnes une «supériorité intrinsèque», et qui, à ce titre, leur donne le droit de réfléchir pour les autres et à leur place (leur déniant ainsi le droit de réfléchir pour eux-mêmes) – a des racines très anciennes.

Il nous vient de la nuit des temps ; du temps où les humains comprenaient peu de choses des lois de la nature. Ils subissaient les intempéries climatiques (sans les comprendre), les lois de la procréation (sans les comprendre), les lois de cause à effet dans les relations humaines (sans les comprendre), etc. Et comme les êtres humains ont naturellement peur de ce qu'ils ne comprennent pas – ce qui semble être une donnée universelle – les diverses communautés humaines de la planète faisaient appel à des « devins » pour leur expliquer les mystères de la vie. Ces devins cherchaient à comprendre les événements et tentaient de discerner les lois qui les régissaient (lois = liens de cause à effet). Ils cherchaient donc à deviner le *pourquoi* des choses, offrant le plus souvent des explications de l'ordre du « *pour quoi* » (raison « stratégique » : *dans un but de*).

---

* Je n'aime pas ce terme pour désigner le genre humain, car il fait négation de 50% des êtres de l'autre sexe. Mais la langue française est ainsi… et elle le restera, tant que nous refuserons d'admettre les iniquités qu'elle véhicule.

Ainsi, les catastrophes naturelles étaient « expliquées » comme étant la colère des dieux qui s'exprimait pour exiger des hommes un meilleur comportement. Ces « explications » rassuraient le peuple en lui donnant l'illusion qu'il pouvait en quelque sorte contrôler les événements (en répondant aux exigences de(s) dieu(x), il pouvait calmer les cieux, par exemple).

Les principaux mystères que les « devins » tentaient d'expliquer tournaient autour de la Vie et de la Mort, la Création et la Procréation. *Pourquoi nait-on ? Où étions-nous avant d'être nés ? Où allons-nous après la mort ? Pourquoi mourons-nous ? Qui a créé la terre ? D'où provient la vie ? Pourquoi et comment la vie se reproduit-elle ?*

En ce qui concerne la procréation, les homos sapiens primitifs n'avaient aucune compréhension du système de reproduction. Ils tardèrent à comprendre qu'il existait un lien de cause à effet entre l'acte sexuel et l'avènement d'une grossesse. Ils pensaient que la Vie était un don accordé aux femmes – mystérieusement – et réservé à elles seules : leurs ventres grossissaient de temps à autres (sans raison apparente), desquels surgissaient des nouveaux-nés. On n'y faisait aucune association avec l'acte sexuel qui avait précédé quelques mois auparavant. Il n'y avait donc pas de « père » dans le tableau. La femme, en tant que « procréatrice », jouissait d'un pouvoir de « Créatrice et Nourricière de la Vie » et elle était respectée et « sacralisée » en tant que telle. On y vénérait des dieux au féminin, et la Terre – qui contenait la vie et offrait la nourriture à tous les êtres vivants – était appelée « Mère Terre ». Elle était également respectée et vénérée.

Le sentiment religieux primitif avait structuré la religion – dite « naturelle » – autour d'une valeur fondamentale, qui était **la Vie**, ainsi qu'en témoigne l'extrait ci-après :

« L'intérêt pour la vie était manifesté par deux directions complémentaires :

a. Le refus de la mort

Dès le commencement de la religion, l'homme a voulu croire que la mort de ses proches n'était pas définitive… Cette croyance a donné naissance à plusieurs systèmes allant de la réincarnation à la croyance en un royaume des morts où se trouvent les ancêtres dont il faut entretenir la vie par des offrandes et des sacrifices (c'est le culte des ancêtres)…

b. La vénération des forces de vie

Ces forces sont très nombreuses, et chaque culture a ses spécificités.
- En premier lieu : la procréation. Car avoir des enfants permet à la tribu de continuer à vivre sur terre et aux parents de vivre dans l'au-delà par les sacrifices des enfants.
L'intérêt pour la procréation à pendant longtemps favorisé le statut de la femme, car c'est elle qui procrée. Il a fallu du temps pour que l'homme comprenne le rôle qu'il jouait dans la procréation. On a cru longtemps que la femme donnait la vie d'elle-même, ou en relation avec les astres, la pluie, la mer…. Cette importance de la femme et du matriarcat dans les sociétés primitives est aussi liée à l'apparition de l'agriculture et cette tâche lui est encore réservée dans bien des cultures. En effet, la femme, source de vie, paraissait être la seule habilitée à faire surgir la vie de la mère-terre. »

Cf. « Le Sentiment Religieux Primitif » de Gilbert Carayon, 1996.

Mais au fil du temps, les connaissances humaines sur les lois de la nature évoluèrent et le rapport entre l'acte sexuel et la grossesse se fit. Les êtres humains finirent par prendre conscience que l'homme (le sexe masculin) y était pour quelque chose dans la procréation. On découvrit que l'enfant avait un « père » ! Cette découverte fut extraordinaire, car elle offrit aux pères la reconnaissance qui manquait de leur pouvoir de procréation et elle offrit aux enfants une nouvelle source de référence. Mais cette « découverte » – parce que tronquée (et donc trompeuse) – fut dramatique pour les femmes, car elle retira au sexe féminin *sa* contribution spécifique dans la procréation. N'ayant pas les moyens scientifiques dont nous disposons aujourd'hui pour voir les organes de reproduction *à l'intérieur* de la femme (et donc de s'apercevoir que la femme contribuait à 50% dans la transmission des gènes), les « sciences » de l'époque en conclurent que ce n'était pas la femme qui créait la vie, mais l'homme… L'hypothèse nouvelle était que la Vie trouvait sa source d'abord en l'homme (fabriquée dans ses testicules), puis était ensuite transmise à l'utérus de la femme par l'acte sexuel (comme une graine que l'on plante dans la terre pour germer). Cette conception erronée du système de reproduction présenta l'homme comme *Créateur* et *Emetteur* de la Vie et la femme comme simple *réceptacle*. C'est ainsi que la femme se vit amputée de son pouvoir réel et naturel de **partenaire égale** dans la réalisation la plus extraordinaire et la plus importante pour la survie de l'espèce humaine : la transmission de la vie.

Les conséquences de cette erreur « scientifique » (d'une des lois les plus basiques et fondamentales des rapports humains) vont s'avérer ENORMES. Les croyances religieuses en furent modifiées : les représentations de(s) dieu(x) passèrent au masculin, et le Dieu de la Vie (représenté jusque-là par la Terre Mère) se transformera en « Père », décrit comme « Tout Puissant », et placé désormais « aux Cieux ». Le sexe de l'homme fut vénéré et sacralisé et on vit apparaître des symboles phalliques (obélisques, par exemple) de part et d'autres des régions méditerranéennes. La femme, réduite à un simple « réceptacle », se voit désormais soumise aux désirs et à la volonté de son partenaire sexuel, et ceci, au nom de la survie de l'espèce. Avec la femme, la « Mère Terre » se vit également assujettie : toutes ses ressources furent désormais traitées au gré des fantaisies de l'homme.

Les hommes s'emparèrent des religions. Le religieux devint *leur* affaire et les femmes en furent totalement exclues. Se croyant ainsi dotés d'une « supériorité intrinsèque » dans le *pouvoir de transmission* de la vie biologique, les hommes s'accaparèrent également l'exclusivité du pouvoir de transmission dans tous les autres domaines de la vie, qu'il s'agisse de la transmission des biens matériels (de l'héritage familial) ou des biens immatériels (transmission du nom, des valeurs, du savoir…). Les femmes furent désormais évincées de tous les lieux de transmission et interdites de participation dans ces domaines (écoles, églises, héritage familial). Au mieux seront-elles *autorisées* à y figurer en tant que *réceptrices,* mais jamais en tant qu'*émettrices.* Seul l'homme sera *autorisé* à transmettre le Savoir (à enseigner), seul le père pourra transmettre son nom aux enfants et seuls les garçons bénéficieront des legs familiaux. Et ce, durant des siècles et des siècles.

L'avis de la femme (exclue du Savoir) ne fera plus le poids face à l'avis de l'homme, qui lui, sera instruit. La femme s'avérera désormais moins bien placée que son partenaire masculin pour prendre de bonnes décisions. C'est ainsi qu'au nom de sa soi-disant « supériorité intrinsèque », l'homme se projeta dans la position forte de décideur exclusif. Il était devenu « Celui qui sait ». Quant à la femme, n'ayant pas accès au Savoir, elle devint dépendante du savoir de l'homme. Cette injustice profonde sera le lot de toutes les femmes durant les millénaires suivants. La femme sera forcée de demeurer « à sa place », c'est-à-dire à la place de simple *réceptacle* – qualité tragiquement réductrice qui lui fut affectée par une erreur « originelle »…

Cette « justification » de la domination d'un sexe sur l'autre se pérennisera au sein de la famille et légitimera ensuite toutes les autres dominations entre humains, rangés (hiérarchisés) en catégories.

C. SES FONDEMENTS

LA LOI DU PLUS FORT

L'accès au Savoir étant désormais un privilège réservé exclusivement au sexe masculin, l'intelligence était devenue une attribution spécifiquement et exclusivement masculine. Cette logique, qui associa malencontreusement *intelligence* et *pouvoir sexuel,* poussa les hommes à rivaliser entre eux de leurs forces *intellectuelles* (comme ils le faisaient déjà de leurs forces *physiques*) pour se présenter comme étant « le plus fort » aux yeux des femmes (instinct de séduction du mâle dominant). Un nouveau pouvoir, celui du savoir, s'installa parmi les hommes, garanti par la mise en place d'un système hiérarchisé. Désormais, celui qui se montrait « le plus fort en intelligence » s'arrogeait un Pouvoir Absolu sur les autres et le perpétuait à renfort de coups et de menaces.

Les hommes religieux n'échappèrent pas à tout cela. Ils se dotèrent d'abord d'une « **autorité de compétence** » (se posant en « Sages », Celui qui Sait), puis d'une « **autorité de pouvoir** » (se posant en « Supérieurs », Celui qui Sait et donc Commande). Ils se projetèrent *au-dessus* des autres et se dotèrent d'une mission «sacrée» (« sacré » signifie *à part* en latin) qui les qualifiait d'hommes *à part, plus proches de(s) Dieu(x)* que le commun des mortels. De « là-haut », ils intercédaient auprès des Dieux /du Dieu pour protéger le « bas peuple » des foudres du Ciel. En tant qu'intermédiaires entre les hommes et le(s) dieu(x), ils prétendaient se porter garants de la Volonté Divine et s'arrogèrent un pouvoir sur le bonheur et le malheur de tous.

L'homme religieux ne voulait plus seulement expliquer l'inexplicable (les lois de cause à effet qui dépassaient la compréhension de tous), mais il se disait capable de *maîtriser les événements* (par son pouvoir d'intercession auprès des dieux). Il était devenu ainsi une sorte de demi-dieu, dépositaire d'un pouvoir de « faire la pluie et le beau temps ». En tant que Grand

Connaisseur de la Volonté Divine et *Maître des Lois de la Vie*, il dictait – à tous – les règles de conduite de chacun.

LA NOTION D'INFAILLIBILITE

L'homme religieux passa ainsi de la position de *Mage* (Celui Qui Devine) à la position de *Maître* (Celui Qui Maîtrise). Il est évident que, pour être à la hauteur de cette tâche surhumaine – celle de maîtriser la Nature (« calmer la colère des cieux ») – l'homme religieux devait se montrer fort, super fort, *MAGNUS*. Les hommes religieux se mirent donc à faire appel à la magie, à la superstition et à la mystification pour convaincre leurs « ouailles » de leur pouvoir surhumain/surnaturel. Les Romains vont pousser la logique jusqu'à attribuer à leurs autorités religieuses la qualité d'êtres **infaillibles**. Et c'est sur cette consécration – que certaines personnes seraient *infaillibles* – que reposera toute la conception latine de l'« **autorité** » (et du système de relations « autoritaires » qui s'ensuivit).

Lien étymologique entre les mots **MAGE** et **MAÎTRE**:

« Le mot **mage** vient de 'magos', *prêtre de la religion perse...*
Magie vient du grec 'mageia', *sorcellerie, l'art pratiqué par le* **mage**...
Magicien, de **magique**, vient du grec 'magikos', *relatif à la* **magie**... »
« La racine **mag-** remonte à l'indo-européen **meg-** /**mag-** On la retrouvait en grec dans l'adjectif megas, megalos, d'où les **megatonnes**, les **megalomanes**, etc. En latin, la racine mag- exprimait une idée de grandeur, donnant les mots 'magnus' (*le grand*) et le superlatif 'maximus' (*le plus grand*)... La racine avait également fourni un adverbe comparatif 'magis', *plus*. Sur magis avait été formé le nom 'magister', désignant l'homme que son statut rendait '*plus grand*' que les autres. Magister est devenu **maitre**. Désignant '*l'homme qui commande*', il a engendré le nom 'magistratus', d'où vient **magistrat.** »*

En français, on retrouve les mots magie, magnifique, magnitude, magistrat, major, maire, maître, mégalomane, magistère, majuscule, maximum ...

*Cf. « Etymologies du francais », de Rene Garrus, ed Belin 1996

LA MISE SOUS TUTELLE

Pour tout « maîtriser », le « Magnus » doit faire en sorte que rien ne lui échappe. Il exige alors que tous se plient à sa volonté (sans discussion possible) et que toute initiative soit soumise à son accord préalable. Se croyant *responsable* de « tous ceux qui lui sont confiés»*, il veut contrôler les gestes et les actes de chacun. Il met donc « sous sa tutelle » toutes les personnes qui se trouvent sur son territoire, leur dictant ce qu'elles doivent faire ou ne pas faire (et les punissant si elles ne s'y conforment pas). Sa parole « y fait loi ». Toute autre personne sera considérée comme son « inférieur » et sera contrainte à l'obéissance et à la confiance aveugle.

En exigeant une **demande d'autorisation** pour toute initiative provenant d'une personne autre que lui-même, il se fait l'**auteur** de tout acte qui se déroule sur son territoire.

Certains « maîtres » iront jusqu'à tenter de maîtriser *la pensée* de leurs «sujets» en discréditant toute information qui proviendrait d'une source autre que la leur et en déformant les informations qu'ils présentent eux-mêmes. Ceci dans le but d'entretenir l'illusion qu'ils ont « la science infuse », qu'ils ont toujours raison, bref... qu'ils sont infaillibles.

Interdire l'accès à toute éducation autre que la sienne propre reste une des stratégies politiques et religieuses (et familiales !) les plus courantes et les plus efficaces pour maintenir « ses sujets » sous son emprise.

Cette notion de pouvoir absolu qui exige la confiance aveugle des «petites gens» (sans discussion possible) existe encore de nos jours. Elle a traversé les siècles par le biais des religions, qui continuent de se doter de personnes « plus proches de Dieu que les autres » et qui se permettent ainsi de dicter leur volonté aux autres.

*Confiés par qui ???

En de nombreuses régions de la planète, les gens apprennent dès leur plus jeune âge à se plier aux ordres « venant d'en haut », à se soumettre à la volonté d'« autorités » qui s'autoproclament supérieures à eux. Les populations concernées doivent obéir, ne pas trop réfléchir, et doivent faire confiance aux « autorités », sans demander de comptes ni d'explications. Elles sont conditionnées dès l'enfance – par le biais d'humiliations physiques et/ou psychiques (plus ou moins subtiles) – à se taire et à ne pas agir « de leur propre chef ». Elles doivent simplement (et exclusivement) exécuter les ordres venant de *Celui-qui-Sait*.

LE MENSONGE : STRATEGIE NECESSAIRE

Ce système de fonctionnement dictatorial – où il est considéré légitime que certaines personnes *dictent leur volonté aux autres* – continue de structurer la quasi-totalité de nos grandes institutions en France (institutions politiques, éducatives, religieuses, et familiales). Elles sont pratiquement toutes fondées sur une hiérarchisation des êtres et sur le principe **d'obéissance aux ordres venant « d'en haut »** (dictés par une élite de « supérieurs »). Bien que ce ne soit plus clairement *de naissance* que l'on obtient sa qualité de « supérieur » aujourd'hui dans notre pays, beaucoup de « chefs » continuent d'agir avec l'arrogance dont faisaient preuve leurs prédécesseurs : ils continuent de s'approprier à eux seuls le droit de réfléchir, de se prétendre infaillibles, d'imposer leur volonté aux autres (désignés « inférieurs »), et de se servir de méthodes intimidantes pour y parvenir.

Encore de nos jours, en France, les individus dits « supérieurs » (appelés aujourd'hui **chefs** ou **maîtres**) incarnent une **« autorité de pouvoir»**. Non seulement ils *font* la Loi, mais *ils sont* la Loi. Ils sont investis (par d'autres « au-dessus », désignés « encore *plus* supérieurs ») d'une responsabilité de garants du bonheur de tous. S'autoproclamant *responsables* de tout ce qui se passe sur leur territoire, ils régentent l'ensemble en s'assurant que tout le monde marche dans le sens qu'ils dictent. Et ils sanctionnent (punissent) ceux qui remettent en question leur « Savoir Absolu ».

Investis de la tâche surhumaine de maîtriser tous les événements qui se passent « sur leur territoire », les « êtres supérieurs » (« autorités », «chefs», « responsables ») doivent se montrer forts, *infaillibles* et invincibles. Ainsi ne tiendront-ils pas compte des reproches ni des corrections apportés par leur entourage et n'avoueront-ils jamais leur impuissance devant un problème. S'avouer impuissant serait trahir la confiance de leurs « supérieurs » (à qui ils sont redevables de leur statut de « supérieur ») *et* de leurs « inférieurs » (de qui ils exigent une obéissance aveugle). Reconnaître son erreur expose donc le « chef » au risque de compromettre sa place prestigieuse de *Celui qui Sait tout.* Les « chefs » sont donc condamnés à prétendre ne jamais se tromper.

Alors, quand un chef se trompe… que fait-il ? Il ment…tout simplement. Il nie son erreur, ou tente de la dissimuler. Et si quelqu'un s'aperçoit de ses manœuvres (dont il n'est quand même pas bien fier), il engagera de nouvelles manœuvres pour éloigner, évacuer ou discréditer le malheureux témoin. Il est fort probable que tout cela se passe avec la complicité d'autres « autorités » de l'institution en question. Car les autres « autorités » trouvent également leur intérêt à préserver l'image du chef, et ce, pour sauver l'institution qui les privilégie eux aussi (les plaçant également « au-dessus » du « commun des mortels » dans la pyramide fatale). Le mensonge est donc une <u>stratégie de survie</u> du système, destinée à éviter une remise en cause de *l'illusion collective* de l'infaillibilité des « supérieurs », sur laquelle tient l'ensemble de l'édifice à structure pyramidale.

Le mot **prestige** vient du nom latin *preastigiae*, en rapport avec le verbe *praestringere*, «... qui signifiait frotter, émousser, particulièrement l'intelligence ou le regard, et qui était à peu près synonyme d'aveugler. Les *praestrigiae* consistaient donc à 'jeter de la poudre aux yeux'. Le nom évolua en *prestigiae*, «tours de passe-passe», d'où un synonyme *praestigium*, 'art du charlatan, du magicien'. Le mot **prestige** qui en découle, n'a pris son sens positif (attrait, éclat) qu'au XVIIIe siècle. Jusque-là, il signifiait magie, 'art de l'illusion' ».

Cf. « Les curiosités étymologiques » de René Garrus, éd Belin 1996

Les « inférieurs » - aujourd'hui appelés plus pudiquement des « *subordonnés* » - n'ont d'autre choix que d'*obéir* aux « chefs ». Ils sont infantilisés par le fait qu'on ne leur demande pas leur avis. Et même quand ils le donnent, il n'est pas pris en compte. Leur parole n'a pas de poids (le mot « enfant » vient du latin « in-fant », qui signifie « sans parole »). On leur impose d'exécuter les ordres, les « directives venant d'en haut » (comprenez « la volonté des dirigeants »). Surtout, qu'ils ne tentent pas de réfléchir ni d'agir « de leur propre chef » !

Le mot **chef** vient du latin *caput,* qui signifie « tête » en Latin.* La tête est l'organe du corps qui réfléchit et qui commande tous les mouvements des autres membres du corps. Ainsi, quand quelqu'un est désigné comme étant le chef (la tête) d'un groupe, cela sous-entend qu'il lui incombe la tâche de réfléchir pour chaque membre du groupe, commandant les mouvements de chacun.

*Cf. « Le Nouveau Petit Robert », édition 1999

Et quand une erreur est effectivement commise par le chef, elle ne peut être corrigée sans risques. Car corriger l'erreur du chef indiquerait explicitement que le chef n'est pas infaillible, ce qui ne manquerait pas de soulever sa colère. Sachant que la colère du chef se traduit directement par des représailles – sous forme de punitions individuelles ou collectives, plus ou moins subtiles (humiliations, menaces, insultes, discrédit) – il s'avère préférable de se taire quand on s'aperçoit qu'une erreur a été commise. Résultat : l'erreur demeure.

Amputés ainsi de la liberté de réfléchir, les subordonnés n'ont plus qu'à concéder une confiance aveugle au chef (et espérer qu'il ne se trompera pas…).

De temps à autres, les gens à la base de la hiérarchie – humiliés par cette logique infantilisante – se révoltent et tentent de se faire entendre. Ils feront « grève », ou manifesteront leur mécontentement en descendant dans la rue. Quand cela arrive, les privilégiés du système (ceux qui détiennent les rênes du pouvoir) s'empressent de discréditer les « agitateurs » et rappellent, haut et fort, la fausse croyance de base qui les légitime : *que certains êtres humains (eux-mêmes) sont investis d'une « autorité de pouvoir », et qu'à ce titre, ils sont « mieux placés » que tous pour savoir ce qui est bon pour tous, et qu'ils ont ainsi le « devoir » d'imposer Leur Volonté,* **de force.** S'autoproclamant ainsi les Grands connaisseurs du Bien et du Mal, ils s'appliquent à « remettre les rebelles sur le droit chemin » en les invalidant, les discréditant, les isolant, ou même en les enfermant (en prison ou à l'hôpital psychiatrique).

Il faut préciser que la plupart des peuples à travers le monde – **et toutes les armées du monde** – fonctionnent de cette manière (avec une hiérarchie verticale et pyramidale de commandeurs, auxquels les « inférieurs » doivent obéissance). Ceci n'est donc pas une invention franco-française, ni encore moins une caractéristique spécifique à la France ! Non, mais, ce qui est spécifique à notre pays, c'est que ce fonctionnement militaire (à pouvoir centralisé et fortement hiérarchisé) dépasse largement notre institution militaire et régit quasiment toutes nos institutions humaines : politiques, religieuses, sociales, professionnelles et familiales. Et malgré toutes nos tentatives de nous en libérer (voir étude historique ci-après), nous n'y sommes toujours pas parvenus.

Je suis convaincue qu'il est possible de nous en libérer un jour. Mais cela ne se fera pas sans une sérieuse remise en question de notre rapport à l'autorité, ce qui passera par une réelle volonté de partage du pouvoir (dans les processus de réflexion et de décision). Après quoi nous aurons à mettre en place des structures démocratiques dans toutes les institutions humaines (familiales, sociales, éducatives, religieuses, politiques...) pour assurer l'égalité de parole pour tous (sans discrimination de sexe ou de race) et faire en sorte que la parole de chacun soit entendue et prise en compte.

II. LES JEUX DE POUVOIR

Le Petit Robert appelle ce système de relation autour de certaines personnes agissant en *Maître et Seigneur* « le système de relation féodale » (voir l'encadré ci-après). Il fonctionne à coups de « jeux de pouvoir » pour obtenir obéissance et forcer à la soumission. Comme l'obéissance n'est pas une démarche naturelle chez l'homme, elle ne peut s'obtenir que par des manœuvres d'intimidation. Et les divers « coups de force » pratiqués pour intimider s'appellent des « jeux de pouvoir ».

Le mot SEIGNEUR vient du **latin** *senior, oris,* qui signifie « **aîné** ».

Le Petit Robert lui donne pour définitions :
« **1.** ANCIENNT et HIST. Celui de qui dépendent des terres, des personnes ; le **maître** dans le système de relations féodales... -- LOC. *Seigneur et Maître* : celui qui a une **autorité absolue** sur (qqn ou qqch.)... -- PLAIS. *Mon Seigneur et maître :* mon **mari 2.** (1225 ; *senior x*) Titre honorifique donné jusqu'à la fin de l'Ancien Régime (et parfois après) aux **personnages de haut rang**... -- Dans la tragédie, terme désignant les principaux personnages **masculins** (toujours de **haut rang**) **3.** FIG. Maître, prince... *Les «bonzes, pontifes, magnats et autres seigneurs des sciences et de la politiques »* (Duham.) **4.** (XIIe; *senior x*) **Dieu** ... »

Cf. « Le Nouveau Petit Robert », édition 1996 (mots clés surlignés en gras par l'auteure)

A. Obeissance et soumission

L'obéissance n'est pas un réflexe naturel chez l'homme. On ne naît pas avec cette notion ; elle s'acquiert. C'est un réflexe « conditionné ». En fait, quand on veut obtenir de quelqu'un obéissance, on crée chez lui/elle la crainte de représailles ; d'où l'usage de techniques d'intimidation (menaces de punitions physiques ou psychologiques). Ainsi, les « autorités » menacent de *punir* ceux qui ne se plient pas à leur volonté. Et elles le font en toute bonne conscience, car elles sont convaincues que c'est ce qui leur est demandé, pour la bonne conduite de l'ensemble. Elles pensent qu'il est de leur devoir de forcer le « rebelle » à retrouver le « droit chemin » (qui n'est autre que le leur). Elles vont donc lui « faire la leçon », c'est-à-dire le punir. Les punitions peuvent être physiques (coups de poing ou autre geste douloureux) et/ou elles peuvent être psychologiques (insultes verbales décrivant la personne comme idiote, laide, faible, folle, malade…). Cette croyance qu'il faut punir pour ramener quelqu'un « à la raison » est tellement intégrée dans la culture latine, que les Latins vont jusqu'à appeler ces méthodes d'intimidation des « sanctions » (du latin « sanctus », *saint*). Ainsi, chez les Latins, l'acte de punir quelqu'un – *de lui faire délibérément mal* – serait-il considéré comme un acte de *sanctification…*

« Qui aime bien, châtie bien » est une expression qui trouve malheureusement trop bien sa place dans cette culture de chef, qui reste la nôtre.

Ce système relationnel de domination/soumission, qui marche à coups de bâton physiques et/ou psychologiques pour maintenir l'autre sous sa dépendance (en position basse, en infériorité), donnera lieu à tout un vocabulaire de la langue française (*vénération, hommage, révérence, éminence, excellence, distingué, dignitaire, seigneur, maître, chef...*). On observe, dans la culture latine, que tous ces mots, ainsi que la notion de respect, sont toujours associés à une notion de **supériorité** et de **crainte** (se référer aux définitions que leur donne le Petit Robert).

B. « LE CHEF A TOUJOURS RAISON »

Aujourd'hui, on appelle « **chef** » (ou « responsable ») celui qui détient un rôle d'autorité (celui/celle qui pense/décide/commande). Le *Chef* est la version moderne du *Seigneur* du temps féodal et du *Maître* du temps de l'esclavage. Il possède un territoire donné (territoire physique ou abstrait) et il prend – seul – toutes les décisions pour les gens qui se trouvent « dans son secteur ». Il décide *à leur place* de ce qui est bon/mauvais pour eux (souvent sans même les consulter) et il les mène, chantage ou menaces à l'appui, dans la direction qu'il a lui-même tracée. Sa volonté fait Loi sur l'ensemble de son territoire (quelles que soient ses compétences sur le sujet) et le respect lui est dû (sous-entendu *l'obéissance*). Il est le seul « **autorisé** » à prendre des initiatives et s'en préserve scrupuleusement l'exclusivité.* Si une autre personne souhaite prendre une initiative dans « son domaine », elle doit lui en demander « **l'autorisation**» (la permission).

L'expression « marcher sur les plates-bandes de quelqu'un » illustre bien cette notion de « domaine réservé » à certaines personnes « autorisées » et qui interdit aux personnes « non-désignées » d'y prendre des initiatives.

---

*Ceci ressemble étrangement au système de « chasses gardées » des mâles dominants chez les gorilles, agissant en *propriétaires* des femelles qui se trouvent sur leur territoire.

Le plus souvent, le chef tentera d'intimider (faire peur) ou d'humilier (provoquer de la honte) celui qui ne lui donne pas « raison ». Puisque sa position repose sur son statut de *Seul-Homme-Qui-Sait-Tout,* toute infirmation de cette présomption présente une menace à son « image » (et donc à sa position). C'est pourquoi ceux qui contestent la raison du *chef* – même si ce dernier a objectivement et visiblement tort – seront sommés de se taire (la pression venant du chef lui-même ou d'autres personnes qui tiennent à l'image d'infaillibilité du chef).

C. LE « PARENT NORMATIF»

Pour s'assurer que « sa propre volonté soit faite » (que sa norme soit respectée), le chef intimidera ses interlocuteurs et fustigera ceux qui osent la contester. Il/elle le fera en adoptant une attitude intimidante et condescendante : ton de voix, gestes et paroles qui rappellent sa condition de Supérieur. Il/elle abordera ainsi les autres « de haut » (ce comportement est très bien décrit par *l'Analyse Transactionnelle* d'Eric Berne). Ainsi le chef se situera-t-il le plus souvent dans son « état du moi » *Parent Normatif,* dictant *sa norme* au groupe : « il faut », « tu dois », « c'est *normal* », « ce n'est *pas normal* »…. * Il/elle *imposera* les obligations et les principes qui lui semblent nécessaires pour faire fonctionner le système. Sa norme « fait loi ». On appelle cette attitude également « *Parent Critique* », car elle juge (et condamne) les individus qui ne se plient pas a sa volonté.

---

* Je présente ici mes excuses aux lecteurs étrangers à ce jargon particulier. Les termes « *état du moi* » et « *Parent Normatif* » appartiennent au vocabulaire de l'Analyse Transactionnelle (école de pensée en psychologie fondée par Eric Berne). L'AT (l'Analyse Transactionnelle) offre des outils très intéressants et fort efficaces pour comprendre les relations que nous entretenons avec notre entourage. Je me sers de ce « jargon » – juste dans ce paragraphe, rassurez-vous – pour indiquer à mes collègues Analystes Transactionnels (qui constituent une grande proportion de mes lecteurs) le lien entre ma pensée et celle d'Eric Berne, le fondateur de l'Analyse Transactionnelle.

Il est intéressant de noter que les Analystes Transactionnel de France ont plus de mal que ceux des autres pays à intégrer le combat de fond qu'Eric Berne menait contre le « Parent Normatif ». Ils ne comprennent pas comment une société peut fonctionner sans le Parent Normatif, puisque selon le modèle société français, la Loi en dépend. Mais c'est justement sur le concept de Loi qu'il y a confusion. Effectivement, en France, la Loi et la Norme se confondent : **c'est la norme des uns qui fait loi sur les autres.**

III.   LA   RESPONSABILITE   DES   RELIGIONS PATRIARCALES

Comme nous l'avons décrit précédemment, ce système *hiérarchisé* repose sur le fait que certains individus s'imposent à d'autres pour les contraindre à l'obéissance. Le plus étonnant est que cette logique qui pratique la Loi-du-plus-fort est véhiculée par les religions patriarcales (je dis « étonnant », car c'est paradoxalement ce que ces mêmes religions tentent de combattre, en paroles).

On se rappelle que les religions patriarcales, dirigées exclusivement par des hommes, décrivent leur Dieu au masculin et justifient ainsi l'exclusion des femmes de leurs instances décisionnelles. A ce titre, ils s'imposent à elles, leur infligeant leurs interprétations masculines des « Lois divines », et ils le font en proférant des menaces (souffrances dans l'Au-delà si elles ne se plient pas à leurs « directives »). Ce modèle relationnel donné par les églises patriarcales offre un fâcheux exemple à leurs adeptes masculins, qui trouvent là une justification pour exclure les femmes des instances décisionnelles de la cité et soumettre en toute « bonne foi » leurs épouses à leurs « directives ». Cette injustice se propage ensuite dans tous les contextes sociaux, où la femme demeure partout sous-considérée et soumise -« par nature » - aux désirs de l'homme.

Dans les cultures machistes, où les hommes font les lois et qu'ils imposent aux femmes (à l'instar des églises patriarcales, dont les instances décisionnelles sont exclusivement masculines), le sexe masculin est aussi appelé le « sexe fort », et le sexe féminin est appelé le « sexe faible ». Dans ces cultures machistes, c'est donc *explicitement* la loi-du-plus-fort qui règne.

Ce qui m'amène à la question suivante : pourquoi donc le clergé masculin des églises patriarcales condamne-t-il tant la pratique de la loi-du-plus-fort dans le monde séculaire ???

Les dégâts causés par la logique féodale de Loi Unilatérale et Verticale, aujourd'hui véhiculée par les églises patriarcales, sont *considérables* et sont ressentis en premier lieu dans les familles. Dans les familles patriarcales (celles qui pratiquent une religion structurellement masculine), le père de famille est présenté comme le **chef de famille.** Il s'y impose et règne en « maître », possesseur des lieux et de tous ceux qui y résident (tous ceux qui se trouvent sous son toit, sur son « territoire »). Son épouse et ses enfants y sont ses propriétés, devant répondre à ses projets, ses désirs et ses besoins, *comme il le veut, quand il le veut.* Dans les relations de couple des familles à religion patriarcale, il est rarement question de réciprocité. « *Tu aimeras ton prochain comme toi-même* » est rendu « hors-jeux ».

En France, aujourd'hui, le patriarcat familial est beaucoup plus subtil qu'autrefois. Il apparaît davantage comme du matriarcat. Mais ceci n'est que trompe-l'œil, car à y regarder de près, on s'aperçoit que ce matriarcat-là (que j'appellerai le « matriarcat patriarcal ») ne fait que répondre à la logique patriarcale de la Loi du plus fort (sujet que je développerai plus loin).

De nos jours, la plupart des Français ne fréquentent plus les églises. Cependant, l'Eglise Catholique Romaine a laissé une telle empreinte dans notre pays (par sa structure institutionnelle, son langage, sa logique et surtout sa façon de gérer ses propres relations internes), que beaucoup de Français continuent de fonctionner selon son modèle. Les principes véhiculés par l'Eglise

Catholique durant deux millénaires dans notre pays (principes de devoirs et d'obligations, de soumission aux « supérieurs », à la loi masculine, unilatérale et verticale), continuent d'influencer et de perturber les relations de tous les jours. Personne n'y échappe entièrement. Les familles et belles-familles, les conjoints, les fratries, les enseignants et élèves, les fonctionnaires, les ouvriers... tous vivent sous pression, devant se conformer à des directives imposées par les personnes « au dessus ».

De façon générale, les « inférioirsés » du système s'abstiennent d'exprimer leur libre arbitre sous peine d'avoir à en « payer le prix ». Car les esprits libres qui osent s'aventurer au-delà des conventions dictées par les « autorités » familiales, éducatives et/ou religieuses se font virulemment discréditer, se voyant traités de :

> *rebelles* (et donc *malades*) par les psys, qui vont tenter de les *soigner* (comme si réfléchir de son propre *chef* était une maladie !)

> *égoïstes* (et donc **damnés**) par les religieux, qui ne supportent pas de voir « leurs brebis » (les âmes qui se trouvent sur « leur » territoire, et donc leur « appartiennent ») s'éloigner ou échapper à leur emprise. Ils vont donc menacer les *brebis perdues* (ceux qui ne suivent pas leurs directives) de souffrances dans l'« Au-delà » dans le but de les faire revenir sur le « droit chemin » (qui est le leur, bien sur...).

> *anormaux* (*folles, quand il s'agit de femmes*) par les intellectuels de l'ordre établi, qui ne peuvent comprendre *comment il est possible qu'une personne « normale » puisse fonctionner avec une norme « autre » que la leur.*

irresponsables par les autorités familiales, qui se trouvent désemparées face à leur incapacité à faire plier la personne en question à *leur propre norme* de Bonne Conduite. Ainsi, toute personne qui ne répond pas « paisiblement » (c.à.d. « passivement ») à l'oppression qui lui est infligée sera traitée d' « irresponsable ».

Les seules personnes qui échappent à ces tentatives d'aliénation de la part des « autorités » sont celles qui sont déjà reconnues comme « faisant autorité » (par leurs gros diplômes, leurs gros sous, leur « pure » lignée généalogique, ou leurs « galons » professionnels). Ces personnes-là – et elles seules – peuvent librement exprimer une pensée nouvelle, différente, autre (qui sort du cadre de la « pensée unique ») sans subir les insultes, la moquerie et les autres formes d'intimidations et de dépréciations.

IV. LES EFFETS SECONDAIRES NEFASTES

Ce système de fonctionnement hiérarchique (à loi Verticale et Unilatérale), basé sur des relations dominant/dominé, est très malsain. Il produit de nombreux effets secondaires, décrits ci-dessous :

A. EFFETS PSYCHOLOGIQUES DU SYSTEME

1. Les émotions y sont réprimées

La première conséquence est que **les émotions sont réprimées**.

En effet, il n'est pas possible, dans ce système, de tenir compte de la *colère* (pourtant bien légitime !) de tous ceux qui sont privés du droit d'être l'auteur principal de leur propre vie.

Il n'est pas non plus possible de tenir compte de la *tristesse* de tous ceux qui sont privés de la liberté de penser ou du droit de s'épanouir pleinement. Ces personnes trouvent peu d'oreilles attentives à leurs souffrances et doivent donc aller consulter un psychologue pour se faire entendre (ce qui est d'autant plus révoltant que cela met la personne « maltraitée » en position de « malade » !).

Et il est tout aussi inconcevable de laisser exprimer la *peur* de tous ceux qui montent en position de « chefs » et qui savent, au plus profond d'eux, que l'« infaillibilité » n'est que prétention, et qu'ils ne seront jamais à la hauteur du devoir de perfection qui leur incombe...

Les seules émotions libres d'expression dans ce système de « service obligatoire » - basé sur les principes de devoirs et d'obligations – sont celles qui alimentent le système : la *fierté* du devoir accompli, la *honte* d'avoir failli et la *culpabilité* d'avoir des besoins ou des souhaits qui iraient à l'encontre de ceux des autorités environnantes. Puis, éventuellement ... la *joie* de la réussite (mais seulement à petite dose, car trop briller porte ombrage au chef !).

Toutes les autres émotions « doivent » être refoulées. Et comme on le sait dans le monde de la santé : ce qui ne peut se dire en « mots » s'exprime en « maux » physiques. Alors apparaissent toutes sortes de douleurs psychosomatiques (qui, contrairement à ce que l'on peut entendre dire, sont bien des douleurs *physiques*) :

> La **tristesse** du « soumis » se traduira par de la fatigue. Cette fatigue, due à la tristesse « non-exprimable » ou « non-entendue » peut mener à la dépression, et même pousser jusqu'au suicide.
> La **colère** de « l'obligé » se traduira par des tensions nerveuses qui se placeront dans le corps physique et produiront des pathologies diverses (hypertension, ulcères, dysfonctionnements sexuels...). Il y a aussi la **colère** des chefs, mécontents que les choses n'aillent pas dans leur sens, mais cette colère-là peut s'exprimer (tout le monde s'y attend, même).
> La **peur** (partagée par tous les acteurs du système) de ne pas répondre « correctement » aux attentes, agira de multiples manières sur le système nerveux : dermatoses, maux de tête, maux de dos, allergies, spasmophilie, insomnies...

Ces émotions interdites peuvent, cependant, s'exprimer verbalement, mais seulement de façon détournée : par le cynisme et par la moquerie (deux formes d'expression très pratiquées dans notre pays).

2. Des inhibitions se développent chez certains...

Dans ce système à pouvoir centralisé et hiérarchisé, certaines catégories de personnes se trouvent dans l'impossibilité d'exercer ou de développer pleinement leur capacité/pouvoir de parole et de prises d'initiatives. Ceci crée chez elles des « croyances limitantes » (concept psychologique utilisé en Analyse Transactionnelle) et des complexes d'infériorité, sources d'inhibitions qui peuvent handicaper à vie (sauf à s'en libérer par un gros travail sur soi).

En français, le verbe « pouvoir » signifie à la fois : « avoir la permission de » et « avoir la capacité de ». Ces deux notions - *permission et capacité* – sont pourtant deux notions bien distinctes : il y a bien des choses que l'on est capable de faire, sans pour autant en avoir la permission (et inversement).

Ainsi, n'ayant qu'un mot pour exprimer ces deux notions (pourtant bien différentes), la langue française présente une ambiguïté sérieuse.

Conséquences pernicieuses : à ceux désignés comme « pouvant faire » revient également la subtile croyance qu'ils en sont les seuls capables. Et inversement : à ceux qui ne sont pas « autorisés » à faire, revient la subtile conviction qu'ils n'en sont pas capables.

---

3. Une illusion de Toute Puissance se développe chez d'autres...

Celui/celle désigné(e) comme « supérieur » peut se perdre dans une illusion de toute puissance, avec tout ce que cela comporte de difficulté à se remettre en question (et donc à grandir en maturité). Les êtres qui se croient « supérieurs » parviennent à se croire invincibles et sans limites, défiant tous ceux qui font entrave à leur volonté. Le fait que l'entourage leur attribue une position de « supérieur » (celui à qui l'on donne toujours raison *sur* les autres) – et ce, depuis leur plus petite enfance, pour certains – renforce leur croyance de devoir avoir toujours raison. Ceci développe chez eux une grande résistance à toute remise en question personnelle, ce qui génère des difficultés au quotidien pour leurs proches. Car ces personnes renverront systématiquement sur les autres la responsabilité de leurs propres manquements / erreurs / failles / limites.

Ce réflexe – de ne pas se remettre en question – se traduit directement dans leur langage (ce qui affecte douloureusement les personnes de leur entourage). Ils diront, par exemple, « ***tu** es compliquée !* » plutôt que de dire « *je ne te comprends pas* ». Ou encore « ***tu** es nulle !* » pour dire « *je suis frustré de ne pas pouvoir obtenir de toi ce que je veux* ». Ainsi, plutôt que de reconnaître leurs propres limites/failles (qu'ils ne peuvent pas admettre, puisqu'ils se veulent infaillibles), ils rabaisseront ceux qui les mettent face à leurs limites.

De telles accusations insultantes, qui font porter à autrui la responsabilité de leurs propres limites, sont les causes principales des inhibitions et des « croyances limitantes » que traînent péniblement les « subordonnés » de ce système.

B. Effets Sociopolitiques du Systeme (reponses comportementales)

1. Il cultive le mensonge et l'hypocrisie

Comme nous l'avons vu précédemment, pour répondre au devoir d'infaillibilité, les « chefs » ne peuvent reconnaître leurs erreurs. Ainsi, quand ils en font, ils les dissimulent. Et pour cela, la stratégie la plus simple est de les nier, tout simplement. Ou alors, si une erreur s'avère trop visible, ils admettront qu'il y eut erreur, mais ils en feront porter la responsabilité à d'autres. Ce faisant, ils infligent de profondes injustices à leurs malheureux boucs émissaires, qui, eux, vont avoir à en gérer toutes les conséquences (y compris toutes les émotions – colère, tristesse, peur – qui accompagnent une telle injustice).

De leur côté, les « soumis » (les «inférieurs ») préfèreront se taire, sachant d'avance que la vérité des faits (ou du ressenti) ne plaira pas au chef et que ce dernier ne manquera pas de le leur faire savoir par toutes sortes de mesures répressives. L'hypocrisie des « soumis » trouve ici sa source profonde : dans cette peur (peur justifiée !) de dire la vérité.

2. Il enseigne à ne pas parler pour soi (mais *pour* les autres et *à travers* les autres)

L'exemple donné par les « autorités », qui se permettent de parler pour les autres, en leur nom (sans même les consulter, parfois), fait que chacun se permet de parler et de penser pour autrui. Ainsi, les personnes ne se distinguent-elles plus les unes des autres. On ne sait plus qui est qui, qui pense quoi, qui ressent quoi. Alors, pour « naviguer » dans ce brouillard relationnel, chacun cherche à deviner ce qui se passe chez l'autre, faisant des procès d'intentions à l'autre, lui prêtant ses propres sentiments, ses propres pensées, son propre fonctionnement. Les relations sont ainsi fusionnelles et confusionnelles. Les projections psychologiques fusent. Tout le monde s'y perd. La confusion mène à l'incompréhension, aux conflits et parfois au désespoir. Les conséquences peuvent s'avérer tragiques et conduire au meurtre ou au suicide.

3. Il incite à parler « au second degré » (par messages cachés)

Ne pouvant pas exprimer librement leurs émotions (première conséquence du système), les personnes se voient obligées de parler de manière détournée, par « messages cachés ». Ainsi, pour dire une chose, on en dit une autre (parfois le contraire même de ce que l'on veut vraiment dire).

Exemples : « *Bien !* » (dit sur un ton sarcastique) signifie en fait « *C'est nul !* ». Ou encore : « *Dis donc, tu es bien coiffée aujourd'hui !*» énoncé avec un certain ton de voix peut, en fait, signifier «*Comme tu es mal coiffée aujourd'hui !* »… Là encore, l'Analyse Transactionnelle décrit fort bien ce phénomène de message « à double fond ».

Ce langage au « second degré » rend la communication très compliquée, car il n'est jamais clair que ce qui est dit *signifie réellement* ce qui est énoncé. Dans un tel contexte, la personne qui parle franchement, sans sous-entendu, prend des risques inattendus, même en faisant un simple compliment. Car s'adressant à des personnes pour qui les mots expriment souvent le contraire de ce qu'ils disent, il/elle verra son message déformé (perverti) par le récepteur, qui y mettra le sens inverse de celui donné initialement par l'émetteur. Que de malentendus avec de telles facéties dans la communication !

4. Il fait obstacle à l'entraide et à la solidarité

Dans le contexte patriarcal, les *demandes* émises par les « autorités » sont en réalité des *ordres*, qui ne se refusent pas sans conséquence punitive. Ex : « Je te demande de mettre les mains sur la table quand tu manges ! » n'est en fait pas une *demande* mais un *ordre* (car si je n'obéis pas, je serai puni). Cette confusion de langage – entre une *demande* et un *ordre* – crée une ambigüité dans l'esprit des gens. En conséquence, lorsqu'une *vraie demande* s'exprime - celle qui laisse place au refus, sans conséquence punitive (Ex : « Pourrais-tu me donner un petit coup de main, s'il te plait ? ») – elle est très probablement réceptionnée comme étant un ordre, non-refusable. Il n'est donc pas aisé, dans un tel contexte, de faire une vraie *demande* d'aide à quelqu'un, car on sait d'avance que la personne à qui l'on s'adresse se sentira **obligée** d'y répondre positivement, même si il/elle n'en a pas réellement les moyens (matériellement ou moralement). Alors, par souci de gentillesse vis-à-vis de ceux qu'on aime (pour ne pas les mettre dans l'embarras), on apprend à ne pas demander de service. On se débrouille. Seul(e).

Ce contexte cultive également un phénomène d'« allergie » aux demandes. Cette « allergie » (qui est, en réalité, une saine allergie aux *ordres*) va parfois très loin chez certaines personnes. Ainsi, le simple fait de demander une information neutre (du genre « *Quelle heure est-il ?* ») peut susciter chez la personne interrogée une réaction agressive, si elle comprend cette question comme étant une forme d'*ordre déguisé* (du genre «*Il est tard, rentre chez toi !* »). Si une réaction agressive constitue bien une saine rébellion aux ordres, elle est ici inadaptée quand il s'agit de répondre à une demande d'information banale. Dans l'exemple précité, il y a, du côté du récepteur, une erreur d'appréciation (fausse interprétation) sur les motivations de l'émetteur. Faire ce genre d'erreur d'appréciation, revient à faire un « procès d'intention » (accuser quelqu'un de fausses intentions) ; phénomène qui complique sérieusement les relations.

D'autre part, formuler une demande, dans la culture de chef, s'avère toujours un peu risqué. Cela revient à avouer qu'il y ait un problème à résoudre... Or, que l'on soit à la place du dominant ou à la place du dominé, admettre une difficulté présente un danger : pour le dominant, le danger est de devoir admettre qu'il n'est pas infaillible, qu'il ne maîtrise pas tout, à la perfection, dans son secteur ; et pour le dominé, c'est s'exposer à des chocs physiques ou psychologiques de la part du « chef », qui admoneste ses subordonnés si un problème quelconque apparaît dans son secteur.

5. Il dénature le langage de l'amour

Dans ce contexte de « service obligatoire », où les « rôles » (initiatives) de chacun sont bien définis par les « autorités » culturelles, il est très difficile de montrer son amour à ceux qu'on aime. En effet, le sens du *don* – qui est le langage privilégié de l'amour – s'y trouve perverti. Les *dons* et les *services rendus* sont piégés d'avance par le fait qu'ils tombent :

> ou dans la catégorie des dons/services *déjà prévus* dans le rôle assigné à chacun par les autorités environnantes (préparer un bon repas pour son mari, par exemple),
> ou dans la catégorie des dons/services *non prévus* dans le rôle assigné (sortir son mari au restaurant, par exemple).

Dans les deux exemples présentés ci-dessus, la femme tente d'offrir un bon repas – par amour – à son mari. Or, dans ces deux exemples, la femme se trouvera privée de la juste reconnaissance de son geste d'amour. Car dans le premier cas, son geste affectueux sera réceptionné par le mari (et par ceux qui l'entourent) comme étant un **dû**, et dans le deuxième cas, son geste sera vécu par le mari (et par ceux qui l'entourent) comme une **insulte** (car il retire au mari un « privilège » qui lui était jusque–là réservé). Ainsi, dans les deux cas, le « cadeau » sera perverti de son sens originel de *don gratuit*, d'un service rendu *par amour*.

Au vu de ces incompréhensions, chacun reste « sagement » dans son rôle bien défini, pour ne pas « insulter » celui/celle qu'il/elle aime. On ne s'aventurera donc qu'à rendre service dans les domaines officiellement permis/autorisés ; ceux prévus d'avance - là où le service est **dû**.

Ainsi, les relations affectueuses s'avèrent fades, inodores, incolores (ternies par les conventions), avec des gestes d'amour à peine perceptibles, tant ils sont «dus», « normaux », *dans l'ordre des choses*.

6. Il encourage la perversité

Quand on apprend à ne pas parler pour soi mais à ne s'exprimer qu'au travers des autres, la communication s'avère très confuse.

Un exemple tout simple : pour dire *« je veux que tu rentres à 15 heures»*, une mère pourrait dire *« Ton papa veut que tu rentres à 15 heures »*. Ainsi, la maman se servirait d'un tiers (le papa, dans cet exemple) pour obtenir ce qu'elle n'ose pas dire franchement. Le problème est qu'en faisant cela, elle fait porter au père la responsabilité de sa demande à elle, laissant au père l'inconvénient d'en assurer les conséquences vis-à-vis de l'enfant.

Il arrive aussi qu'une tierce personne soit utilisée, sans avoir été préalablement consultée, ni même informée.   Par exemple, quand un père dit à son fils : « *Ta mère ne pourra pas venir, elle est fatiguée* » alors qu'en réalité, la mère n'est ni fatiguée ni même informée de l'événement en question. C'est, en fait, une façon détournée de dire « *je veux faire cela seul* *avec* *toi* ». Ce mode de fonctionnement s'observe beaucoup dans les familles patriarcales, où l'on aime se cacher derrière l'autre pour dire ce que l'on n'ose pas prendre à son propre compte. Dans une réalité ainsi déformée, l'enfant se perd. Le « toi c'est toi, moi c'est moi » - distinction si importante à faire pour grandir - ne se fait pas parce que le *confusionnel* tient les uns et les autres dans le *fusionnel*.

Voici un autre exemple de communication « pervertie » : *culpabiliser* quelqu'un dans le but de le forcer à faire quelque chose qu'il n'a pas envie de faire, toujours en se servant d'un tiers, non prévenu et non volontaire. Par exemple « *tu n'as pas honte de causer de la peine à ta maman*?! » alors qu'en fait la maman n'en serait aucunement peinée et n'apprécierait pas que l'on se serve d'elle pour culpabiliser l'enfant. Résultat : l'enfant en voudra à sa mère...

Les formes de perversité sont multiples, déformant toujours la vérité des choses, d'une manière ou d'une autre, pour obtenir satisfaction. Les *jeux psychologiques* décrits par Eric Berne (fondateur de l'Analyse Transactionnelle) dans son livre « Games People Play » trouvent leurs sources dans ce contexte patriarcal où l'on ne peut pas parler directement, franchement, ouvertement d'un problème, tant on risque (en transgressant la volonté des « autorités ») de le payer cher.

7. Il ouvre la porte au viol et à la maltraitance

Ce système où la volonté des plus forts s'impose aux plus faibles (les critères de forces et de faiblesses étant posés par ceux qui sont au pouvoir) laisse la porte ouverte à toutes sortes de maltraitances. Je pense en particulier aux violences faites aux femmes et aux enfants. Effectivement, si le désir du « chef » suffit pour légitimer une action (sans se soucier de l'avis du « subordonné »), on comprend que le viol puisse être chose courante dans les sociétés patriarcales. Et en général, les victimes du viol ou de la maltraitance subiront la chose sans grande défense, car ils/elles auront été conditionnés dès leur plus jeune âge à ne pas s'opposer aux désirs des « êtres supérieurs ». Et comme il est interdit de parler de ce qui « fait honte », de crainte de déranger le « chef » concerné, les méfaits sont passés sous silence. Ce système demeure ainsi en « circuit fermé » et agit comme tel : il s'autoalimente et se perpétue.

8. Il impose la Loi du Silence

Ce système autoritaire, qui donne tout pouvoir à un individu sur l'ensemble des personnes « dans le secteur», n'accorde le droit à la parole qu'à un seul : le *chef*. Les autres doivent se taire. C'est le règne de la peur qui fait taire les gens, car ils savent tous que celui qui parlera sera « sanctionné ». Donc tout le monde se tait. Si quelqu'un ose parler pour exprimer une quelconque injustice commise, il/elle sera réprimandé. Parler laisse présager un conflit, source possible de violence. On ne peut exprimer des opinions différentes puisqu'il n'y a qu'une seule perspective valable : celle du « chef ». Penser différemment de Lui serait porter atteinte à « son honneur », à sa qualité de « Celui qui sait Tout », ce qui déclencherait aussitôt une réaction punitive de sa part. Résultat, on se tait et on fait taire ceux qui donnent un peu trop leur avis : « Mange ta soupe et tais-toi » dit-on aux enfants. « Sois belle et tais-toi » fait-on comprendre aux femmes.

De plus, le *chef* étant infaillible, toute personne « sous son autorité » doit se montrer également sans faille. Ceci est inscrit dans la logique, puisque le fait d'admettre un problème serait indirectement accuser le *chef* de ne pas avoir tout bien maîtrisé dans son secteur. Donc, pour entretenir la bonne image du *chef*, chacun cultive une image personnelle de perfection, prétendant n'avoir aucun problème, que « *Tout va bien !* ».

Ainsi, dans cette culture, les gens apprennent à ne jamais parler de ce qui ne va pas. Parce que ceux qui dictent les règles du système se veulent garants du bonheur de tous, il serait incongru et dangereux d'exprimer une gêne ou un mal-être quelconque. En effet, le mécanisme de défense des chefs consiste à «taper » quand ils ont honte (plutôt que de reconnaître tout simplement le problème). Ils n'hésitent donc pas à « corriger » (punir) physiquement et/ou psychologiquement les pauvres malheureux qui osent exprimer leur mal-être.

9. Il mène au matriarcat familial

Ce système de *loi unilatérale* - où il est considéré légitime (même nécessaire) qu'une seule personne *fasse la loi* sur les autres – présente encore une autre conséquence extrêmement fâcheuse : une forme de matriarcat familial.

Le matriarcat dont il s'agit ici est un sous-produit du patriarcat. Rappelons que le patriarcat traditionnel attribue à l'homme (en opposition à la femme) une « intelligence supérieure» (voir premier chapitre). C'est donc l'homme qui sera considéré *le plus apte* à s'occuper des affaires extérieures. Et comme l'homme latin raisonne en logique d' *« un seul maître à bord » (logique autoritaire)*, il s'adonnera pleinement, et seul, aux affaires extérieures, assignant sa femme au domicile pour qu'elle se consacre pleinement – et seule – aux affaires intérieures. La femme va donc se trouver seule responsable de tout ce qui se passe dans sa maison et va devoir tout « maîtriser » dans ce domaine. Elle sera couronnée du titre de « *Maîtresse* de maison » et assumera la plus grande partie des responsabilités parentales. Et elle le fera avec le sens de l'autorité qu'elle connaît bien : celui-là même qui lui fut enseigné par les personnes qui se sont imposées à elle comme « modèles référents ». Ainsi, imposera-t-elle (à coup de jeux de pouvoir) sa volonté à ses enfants et à son mari (et à tous ceux qui mettent les pieds sur « son territoire »).

Peut-être agira-t-elle en « despote éclairée », ou peut-être agira-t-elle en dictatrice, totalitaire et oppressive. Mais quelle que soit l'intelligence de cœur ou de tête avec laquelle elle fonctionnera, elle contribuera (malgré elle) à transmettre à ses enfants le principe fondamental de la logique autoritaire, c'est-à-dire qu'il est légitime qu'<u>une seule personne</u> dicte sa norme à l'ensemble et que la volonté de cette personne « fait autorité » (comprenez « fait Loi ») et ne se discute pas.

Ce « matriarcat patriarcal » est *très dommageable* pour tous :

Les enfants y sont privés d'un foyer sécurisant où règnerait un *réel partage* des efforts, des satisfactions et des remises en questions (*mutuelles et réciproques)*. Avec des parents qui refusent de se remettre en question (ce qui est le propre de *l'être autoritaire* selon la règle patriarcale), les enfants se voient porter les projets, les fautes et les failles de leurs parents. Ils comprennent rapidement qu'être adulte signifie « être en position d'avoir toujours raison » et de pouvoir ainsi imposer sa volonté aux autres, en utilisant toutes sortes de chantages et autres menaces, physiques ou psychologiques.

Quand il y a plusieurs enfants dans la fratrie (ce qui est souvent le cas puisque la femme est soumise au désir sexuel de son partenaire, *comme il veut, quand il veut*), la loi du plus fort se traduit par un droit accordé – explicitement – à l'aîné des enfants de faire autorité sur ses petits frères et sœurs (« droit d'aînesse »). *La loi du plus fort* se présente ici dans son état le plus brut, avec les conséquences les plus pernicieuses. Car l'aîné adoptera le comportement autoritaire qu'il/elle aura vu appliquer par ses parents et y soumettra ses petits frères et petites sœurs (avec toutes ses propres angoisses et frustrations inconscientes). Et il/elle tentera d'obtenir la satisfaction de ses désirs « par la force », se servant de techniques d'intimidation, de punitions physique et/ou psychologiques (selon les « forces » qu'il/elle possède). Ainsi livrés à la loi de la jungle, les enfants peuvent être très durs entre eux et s'infliger des blessures parfois indélébiles tant dans les corps que dans les cœurs (on peut s'en réparer, mais on n'oublie rarement). Ainsi, dans les fratries des familles patriarcales, les conflits fusent et les blessures qui en résultent sont profondes.

Les mères, « seules responsables » dans la sphère familiale, se trouvent accusées de tous les maux et vite dépassées par toutes les tâches qui leur incombent. Elles sont tenues pour responsables de tout et de tous et doivent « se mettre en quatre » pour gérer l'ensemble. Elles doivent le faire avec le sourire pour donner l'impression que tout fonctionne à la perfection. Elles ne peuvent exprimer leurs souffrances ou leurs difficultés, puisqu'elles ont l'obligation de se montrer parfaites et sans failles, se conformant ainsi aux exigences de l'*autorité parentale*.

Les pères y sont également perdants, car s'excluant de la sphère familiale (tout en se présentant « chef de famille » aux yeux de l'extérieur), ils peuvent difficilement entretenir des relations saines avec leur femme et leurs enfants. Ayant délégué à leur épouse les responsabilités quotidiennes de l'éducation des enfants, ils sont rarement à la maison et ne savent pas grand chose de ce qui s'y passe. Ainsi peuvent-ils difficilement tenir le rôle de « Celui qui Sait Tout et donc qui Décide et qui Maîtrise ». Alors, quand un problème surgit,–« *pour mettre un peu d'ordre dans tout cela* » le plus rapidement possible (et préserver son image à l'extérieur de *chef de famille* « celui qui maîtrise la situation »), le père tapera un bon coup sur la table et imposera sa « paix » en distribuant menaces, insultes, et/ou accusations. Chaque **coup de force**

intimidant introduira un malaise supplémentaire et ne fera qu'accroître les difficultés relationnelles déjà présentes.

En ce qui concerne les enfants, il est important de souligner à quel point le « matriarcat patriarcal » est source de souffrances affectives.

En supposant que la mère soit adulte et autonome (dans le meilleur des cas), elle essayera d'élever ses enfants vers l'autonomie. Mais si le père n'est lui-même pas autonome (se faisant servir/assister) pour les tâches primordiales de la vie quotidienne, il n'encouragera pas ses enfants dans ce sens (du moins, pas les enfants qu'il destine au rôle futur de dominant) et il discréditera son épouse quand elle tentera de les aider à conquérir leur autonomie. Dans ce cas, la maman se verra contrainte d'assister/servir *et* son mari *et* ses enfants (ceux « couverts » par le père) et les enfants demeureront dans une sorte de dépendance (ayant besoin de se faire servir/assister toute leur vie). Le cycle se perpétuera ainsi de génération en génération...

Si, par contre, la mère est une femme frustrée, « castrée », non-autonome (parce que privée depuis toujours de la possibilité de réaliser ses ambitions scolaires, sociales et professionnelles), elle aura beaucoup de mal à élever ses enfants vers l'autonomie. Persécutée par les diverses « autorités » qui règnent sur elle et s'imposent à elle, par le biais de tous les jeux malsains nommés plus haut, elle vit dans la crainte et l'amertume. Ayant à se débrouiller seule à la maison (sans le soutien du père), elle doit élever ses enfants dans un monde qui lui fait peur. Elle surprotège donc ses enfants, se met à tout gérer, à tout décider, tout contrôler. Du fait de l'absence du père, elle fait seule « autorité parentale », et règne en « maîtresse de maison », dictant les règles de vie aux enfants en y inscrivant toutes ses obsessions et ses angoisses. Le mari, lui, qui demeure « en dehors » de tout cela – occupant une place « extérieure » (d'où la critique est facile) – règne en « inspecteur de travaux finis ». De « là-haut », il impose à ses enfants le respect et la crainte, tout en leur transmettant sournoisement un profond mépris de la femme.

Et, comme je l'ai décrit plus haut, dans ce contexte patriarcal où l'on apprend surtout à soigner l'*image* (où tous doivent se prétendre forts, heureux, et sans problèmes pour entretenir la supercherie de l'infaillibilité du « chef de famille »), on évite de manifester ses difficultés. Ne pouvant s'exprimer ouvertement, les difficultés revêtent des formes détournées. Pour obtenir la satisfaction de leurs désirs et/ou besoins, sans qu'il en soit <u>expressément question</u>, les uns et les autres auront recours à des subterfuges (manipulations, constructions de stratégies compliquées, à l'abri des regards…). De sorte que «l'image », vue de l'extérieur, demeure intacte. A l'intérieur, par contre, les ambiances sont lourdes d'abus et de non-dits. Les enfants grandissent dans l'obscurité des messages cachés, dans la peur des représailles, dans l'incompréhension de ce qui leur est réellement demandé. Ce n'est qu'au prix d'un gros travail sur soi que l'on se sort d'un tel marasme relationnel.

Et, au final, ce sera la mère qui sera la première accusée d'être l'auteur de ces dévastations… par les « autorités » des domaines relationnels : psychologues et hommes religieux…

****

Il existe beaucoup de livres en France sur les larmes des femmes, sur « ce sexe qui pleure tant ». On observe également qu'elles font plus de dépressions que les hommes. On cherche à comprendre. On donne toutes sortes d'explications neurologiques, hormonales. Certains disent que c'est génétique, que c'est le cerveau féminin qui est ainsi fait…

Est-il *si difficile* de comprendre le mal-être des femmes ? L'être humain pleure quand il a mal, et il a mal quand il est mal traité. Ce n'est pas plus compliqué que cela. Il est vraiment déconcertant de constater la capacité qu'à l'homme de nier ce qu'il ne veut pas voir, d'ignorer les informations qui ne l'arrangent pas, et de refuser d'entendre ce qui n'entre pas dans son schéma de convenances…

Le thème de la condition des femmes est un sujet très pertinent et complètement imbriqué dans la problématique traitée dans cet écrit. Car le rapport à l'Autre dans une société est directement lié au rapport qu'entretiennent les hommes et les femmes entre eux dans cette même société (la Femme étant le premier « Autre » de l'Homme… *et réciproquement* !).

Il est très intéressant de noter que les sociétés qui se portent le mieux économiquement sont celles où les hommes et les femmes s'accordent un respect mutuel, à considération égale. Les statistiques sont criantes dans ce sens. Elles montrent très clairement que les sociétés dans lesquelles les femmes sont professionnellement présentes (non seulement dans les postes de services, mais aussi dans les postes de direction), les opportunités professionnelles sont mieux réparties dans la population et les pouvoirs davantage partagés. Les initiatives personnelles, créatives et nouvelles, semblent mieux accueillies. Il y règne des valeurs de tolérance et un certain droit à la différence. La présence des femmes semble tempérer la tendance masculine à s'accaparer *l'exclusivité de pouvoir sur un territoire donné*. Et il s'avère que les familles où les pères et les mères coopèrent dans leurs tâches parentales se portent mieux que celles où la mère est seule chargée des tâches éducatives.

Inversement, dans les pays à loi masculine, où les femmes sont exclues des instances de décisions, on voit une élite se réserver *l'exclusivité* du pouvoir d'action et de parole. Les quelques « chanceux » (ceux qui se sont *imposés* comme étant « les plus forts ») monopolisent le droit à la parole et le droit à la prise d'initiative ; ce qui, en conséquence, bloque l'économie.

Je suis convaincue que si le mouvement de libération de la femme n'est pas compris par les hommes des cultures patriarcales, c'est parce que les hommes de ces cultures-là y sont eux-mêmes mal traités (et souvent par des femmes). Effectivement, les femmes de ces mêmes cultures ont tendance à traiter les hommes comme elles sont elles-mêmes traitées, suivant le modèle pratiqué par ceux qui s'imposent à elles comme leurs « référents » («*pères* » et « *repères* »). Ainsi font-elles subir à leur entourage des jeux de pouvoir (ceux qu'elles ont à leur disposition) pour obtenir ce dont elles ont besoin, mais dont elles sont privées...

CONCLUSION

La façon dont les hommes considèrent les femmes dans une société porte des conséquences directes sur la façon dont les groupes humains se considèrent entre eux. Et la façon dont les parents se traitent entre eux dans la sphère familiale a un effet direct sur la façon dont les enfants se traitent entre eux (et traiteront leurs congénères par la suite). On apprend dès le plus jeune âge ce qui est « permis » et ce qui ne l'est pas, pour *qui* c'est permis et pour *qui* ça ne l'est pas. L'inégalité des chances, les attributions de « supériorité » et les *jeux de pouvoir* légitimés pour asseoir sa « supériorité » sur autrui s'apprennent très tôt. Une fois l'apprentissage fait, les adultes perpétuent ces mêmes jeux, tant dans la sphère familiale que dans l'arène politique, professionnelle et éducative.

> Le mouvement féministe des années 70 avait pour slogan «*the personal is political*» (ce qui veut dire que ce qui se passe dans le domaine de l'intimé est d'ordre politique). Ces femmes-là avaient bien compris le phénomène, et leur combat dépassait largement leurs propres difficultés personnelles. Elles luttaient pour une société plus juste, pour *tous*.

Le refus ou l'acceptation de la différence commence à la maison, dans la relation de couple entre le père et la mère (*comment papa et maman gèrent-ils leurs différences ?*) et dans les relations des parents aux enfants. Si papa s'octroie un domaine d'action et y impose *sa* volonté à maman, et si maman impose *sa* volonté dans le domaine qui lui est réservé…, et si tous les deux imposent leurs volontés aux enfants dans la violence, et si tout cela se passe sans dialogue ni possibilité de remises en question réciproques… il ne faut pas s'étonner si les enfants grandissent pour devenir, à l'instar de leurs parents, des adultes qui feront usage de la violence pour imposer leur volonté aux autres !

Oui, nous faisons croire à nos enfants, par nos comportements autoritaires, un mensonge énorme : que certaines personnes détiennent La Vérité, qu'elles sont infaillibles et qu'elles ne peuvent donc pas être remises en question. A ce titre, tout leur serait dû et tout leur serait permis...

En faisant ce constat accablant, je suis parfaitement consciente que la loi-du-plus-fort du paradigme patriarcal n'est pas réservée à la France (dommage !) et que beaucoup d'entre nous (peut-être même la plupart...) œuvrons pour une plus grande justice dans notre pays (et dans le monde). Je suis profondément convaincue que nous ne nous faisons pas sciemment du mal les uns aux autres, et que même les « êtres supérieurs » – les « privilégiés » du système – souffrent profondément de la situation. J'ai rencontré nombre de Français qui se battent – corps et âmes – pour contrer ce système (que l'on pourrait croire d'un autre âge). Je les admire profondément et je souffre de les voir s'épuiser à la tâche. J'espère que cet essai les confortera dans l'authenticité de leur lutte.

Prendre conscience de l'histoire de ce combat, qui semble avoir accompagné l'humanité depuis ses origines, peut aider à une plus grande compréhension et peut-être faire surgir des voies de libération. C'est le cheminement que je vous propose de suivre dans la deuxième partie de ce livre.

« Ne marche pas devant moi —
Je ne te suivrai peut-être pas.

Ne marche pas derrière moi —
Je ne te guiderai peut-être pas.

Marche à côté de moi et sois simplement mon ami. »

Albert Camus

DEUXIEME PARTIE :
La TRANSMISSION

La notion de LOI (et donc, de l'AUTORITE) à varié à travers les âges. La nôtre, telle que nous la comprenons et que nous la pratiquons en France, n'est donc pas universelle.

INTRODUCTION
(L'EVOLUTION A TRAVERS LES AGES)

Les mentalités et les comportements culturels sont modélisés par les constructions linguistiques qui véhiculent nos pensées. Mais comme nos langues évoluent avec le temps, les concepts et les notions qu'elles véhiculent évoluent également.

Pour ce qui est du concept de la *Loi*, nous pouvons en apercevoir l'évolution à travers les écrits que de nombreux penseurs nous ont laissés depuis des millénaires. Le plus connu de ces écrits en Occident est la Bible, qui a marqué l'ensemble de la culture judéo-chrétienne dont nous sommes les héritiers. Mon étude linguistique de la Bible m'amène à constater que c'est bien cette notion de LOI en constante évolution au cours des siècles et des civilisations, qui s'avère être, encore aujourd'hui, au cœur de nos divergences culturelles.

I. LE CONCEPT DE LOI DANS LA BIBLE

A. La LOI « alliance » (*Parole Donnée*)

La Loi hébraïque est la Torah (en Hébreux, torah = loi), nom donné par les Juifs à la loi mosaïque (en référence à Moïse). La

Torah est un livre « sacré » (car compris comme étant La Parole de Dieu) qui pose les règles de vie en société. Le peuple juif, qui se souciait de sa survie en tant qu'entité dans la diaspora (ils étaient dispersés dans diverses régions du Moyen Orient), se questionnait sur sa spécificité et sur la transmission de génération en génération de son *Alliance* avec son Dieu. La Loi est pour les juifs une alliance que Dieu (Yavhé) scelle avec son peuple en lui donnant sa Parole, en lui offrant une *promesse d'héritage* (via Abraham). Yavhé (« **celui qui ne se nomme pas** »), est Celui qui fait *autorité*. Sa Loi est une loi *écrite*. « L'arche de l'alliance » symbolisera, pour les Juifs, la *Parole de Dieu Donnée* au peuple élu et l'Arche recouvrira cette Loi Ecrite. Les « docteurs de la Loi » auront pour vocation de lire, de transcrire, d'expliquer et d'enseigner cette Loi / Alliance / Promesse / Parole Donnée transmise au peuple juif par ces écrits sacrés.

Le mot **ALLIANCE** (en hébreux : *berit,* qui signifie « *l'entre-deux* »)...

« ...est l'un des termes théologiques les plus fréquents de l'Ancien Testament (289 fois), au point que beaucoup d'auteurs ont pensé qu'il est le concept clé qui articule l'ensemble de la Bible, et qui a d'ailleurs donné son nom aux deux parties de la Bible chrétienne. C'est sans doute vrai, mais à condition de mesurer la difficulté à le traduire. La plupart des traducteurs français le rendent par « **alliance** » ...

Quoi qu'il en soit, la *bérit* suppose toujours **un engagement entre deux partenaires**, mais leur implication n'est pas la même. ...avec Abraham (Gn 15, 17-18), Dieu seul s'engage, et inconditionnellement, en faveur de Noé et de ses descendants. Au contraire, l'alliance du Sinaï avec Moïse sera **réciproque** et conditionnée par la fidélité à Israël (Ex. 24, 1-11). »

Cf.« *La Bible et sa Culture* », éd. Desclée de Brouwer, 2000.
(mots clés graissés par l'auteure)

B. La LOI « diatheke » (*Parole Partagée*)

Avec le christianisme des premiers temps, les textes sacrés des Juifs seront en partie conservés pour donner lieu à l' « Ancien Testament » (première partie de la Bible chrétienne) et seront enrichis par de nouveaux textes (le « Nouveau Testament ») écrits en grec, la langue commune à tout le bassin oriental de la Méditerranée au premier siècle de notre ère.

Les Grecs, qui avaient déjà développé une réflexion sur l'usage de la parole (grâce à Socrate et ses héritiers) et qui en avaient tiré des pratiques concrètes (démocratiques), vont comprendre et intégrer à leur manière cette notion de Loi et d'Alliance. Aux textes Bibliques des Juifs (rassemblés dans la Torah), les Grecs vont ajouter des textes écrits en grec -le Nouveau Testament- qu'ils appelleront « diatheke ».

« diatheke » signifie en grec « *transmission/diffusion/partage de parole* » (dia = *partage*, theke = *parole*). Les Grecs choisirent ce mot pour désigner la transmission du « berit » (notion hébraïque d'*Alliance*), car la « diatheke » représentait l'acte juridique par lequel les héritiers grecs disposaient de leurs biens d'**héritage**.

Il faut savoir que dans la Grèce ancienne, la transmission de l'héritage se faisait lorsque l'héritier se manifestait comme étant le fils du défunt. Il prenait possession de son legs lorsqu'il en faisait explicitement la demande. Ainsi, la transmission ne se faisait que s'il y avait un lien (une *alliance*) reconnu par le récepteur. La démarche active du <u>récepteur bénéficiaire</u> traduisait une dimension **bilatérale** dans l'interaction. L'acte de transmission d'un legs ressemblait donc à une sorte d'*accord,* une alliance à *reconnaissance mutuelle.*

Le Dieu de la LOI hébraïque (*Parole Donnée*) va ainsi se transformer en Dieu de la *Parole Partagée* (diatheke), où la transmission ne se fait qu'à ceux qui se désignent comme étant « affiliés » en présentant un signe de reconnaissance et d'acceptation. Les récits de la « diatheke » (du « Nouveau

Testament ») parlent d'un homme, nommé Jésus, qui baptisait et soignait *ceux qui le lui demandaient*. Les Evangiles (textes Bibliques écrits sur la vie de Jésus) semblent insister sur l'importance de la **démarche personnelle et volontaire** de la part du bénéficiaire dans cette « nouvelle Alliance avec Dieu » (un Dieu qui se présente comme un Dieu d'Amour). Ainsi se dessine un lien entre Amour et Liberté.

Cependant, cette notion nouvelle de bilatéralité (*alliance à reconnaissance réciproque)* s'avèrera longtemps ensevelie (1500 ans) par une traduction erronée des textes grecs en langue latine. Il faudra attendre le XVIe siècle pour voir réapparaître cette notion de **bilatéralité** dans la foi chrétienne (ce qui se produira lors de la redécouverte de la Bible dans ses langues d'origine).

C. La LOI « testament » (*Parole Imposée*)

Ces mêmes textes de la Torah et de la diatheke – qui constituaient, en gros, l'Ancien et le Nouveau Testament – seront rassemblés en un seul recueil – la Bible – et passeront ensuite entre les mains (et sous la plume) des Romains, qui, eux, parlaient le latin. Les Romains vont donc comprendre et traduire le mot grec « diatheke » par le mot latin *Testament,* mot qui correspond lui aussi à l'acte juridique de transmission de l'héritage. Mais, contrairement aux Grecs, l'héritier d'un legs chez les Romains était **désigné d'office** par le donateur. Le *testament* était une parole donnée par le mourant (l'émetteur) pour léguer son bien à la personne de son choix (le récepteur bénéficiaire). Cette passation de biens s'effectuait de façon **unilatérale**, l'héritage étant transmis d'office à un <u>récepteur désigné</u>, qu'il le veuille ou non. Ainsi, chez les Latins, on ne choisit pas son héritage et on n'y échappe pas. Il nous est *imposé*. Cette notion-là de loi/alliance (que j'appellerai désormais la « *loi unilatérale*») amorce des relations de domination / soumission, car elle ignore l'avis du récepteur au profit de celui de l'émetteur.

La Parole Donnée de l'alliance hébraïque, puis *la Parole Partagée* de l'alliance grecque seront ainsi transformées par les Romains en une *Parole Imposée* (parole dictée, à caractère unilatéral).

Il n'est pas étonnant que les Romains aient eu du mal à traduire la notion de « *diatheke* », car ils n'étaient pas « équipés » pour appréhender le concept de *consentement mutuel*. La société romaine, très centralisée et organisée de haut en bas (structure à hiérarchie pyramidale), ne pouvait concevoir la LOI que venant d'en haut. Les uns dictaient les ordres, les autres se devaient de les exécuter. Il était hors de question de demander aux « subordonnés » leur avis !

> « Le mot français **OBEIR** vient du latin *audire* : entendre.
> Le verbe *audire,* 'entendre', donna en français *ouïr.* Le verbe *oboedire,* composé *d'audire* et du préfixe *ob-*, 'en face', signifiait 'écouter l'avis de quelqu'un', 'lui être soumis'. Il devint en français *obéir.* »*
>
> * Citation du livre « Etymologies du français », de René Garrus

Ceci traduit bien l'unilatéralité de la parole dans la logique latine.

Pendant plus de mille ans (jusqu'à la Renaissance), la France, sous l'égide de l'Eglise Catholique Romaine, n'a fonctionné qu'avec cette notion-là de la LOI : celle dictée d'« en haut », de façon unilatérale, par certains êtres qui prétendent « faire autorité » sur les autres, exigeant soumission et obéissance.

II. UNE REVOLUTION INTELLECTUELLE

A. LA RENAISSANCE

A partir du XVe siècle apparaît une révolution intellectuelle, politique et religieuse qui secouera tout le continent européen. Des questions brûlantes sur le pouvoir, sur les abus du pouvoir, sur le pouvoir du savoir, vont alimenter des débats passionnés en Europe pendant plusieurs siècles.

> **Qui** fait autorité : *L'Eglise ou la Science ?*
> **Qui** constitue l'Eglise *: le peuple ou le clergé ?*
> **Qui** décide ce qui fait Loi : *Dieu, les hommes, ou les hommes de Dieu ?*
> **Que** veut la Loi Divine *: service obligatoire* ou *service librement consenti*?

Ces grandes questions philosophiques, politiques et religieuses — qui ont fini par scinder l'Europe en deux — sont en fait déclenchées par un concours de circonstances historiques qui ont remis en question les dogmes de l'Eglise Catholique Romaine, autorité suprême à cette époque. Je n'en citerai ci-après que quelques-unes qui ont eu un effet majeur :

1. La découverte de l'imprimerie (1434) qui va favoriser une plus grande diffusion du savoir aux « communs des mortels ». Ainsi, la lecture et l'interprétation du Livre de la Loi Divine (la Bible, considérée « Parole de Dieu ») devient accessible à un plus grand nombre, ce qui provoquera des réactions violentes (tortures et mises à mort) de la part du clergé Romain (qui tenait à s'en préserver l'exclusivité).

2. La chute de Constantinople (1453) qui entraînera une diaspora de savants orientaux vers les diverses capitales européennes. Ces savants apportaient avec eux leurs connaissances des langues « anciennes », offrant à l'Europe l'occasion de

redécouvrir les langues originelles des textes Bibliques (Grec, Hébreux, Araméen), ce qui suscita de nouvelles interprétations de la Bible. Etant retraduite dans ses langues d'origine, puis traduite dans les diverses langues « vernaculaires » (les langues courantes), la Bible révéla aux Chrétiens la dimension **bilatérale** de l'Alliance (notion qui était restée aux « oubliettes » durant les quinze siècles de domination latine). Cette redécouverte apportera de nouvelles conceptions théologiques et de nouvelles pratiques et structures ecclésiales, plus ajustées à cette dimension *bilatérale*.

3. <u>La découverte d'autres régions du monde</u>, ouvrant l'Europe à de nouvelles perspectives intellectuelles (culturelles, philosophiques et religieuses):

    Les Antilles par Columbus (1492)
    Le continent nord américain par Cabot (1497)
    Le continent sud américain par Cabrol (1500)
    Le tour du continent africain par Gama (1497-1498)
    Le tour du monde par Magellan et del Cano (1519-1522).

4. <u>Un mouvement populaire d'indignation (1517) contre le Pape.</u> Ce mouvement fut déclenché par un moine Catholique (Martin Luther), révolté contre les abus de son Eglise, qui pratiquait des méthodes peu éthiques pour financer la construction de la Basilique Saint Pierre. Rappelons en effet que l'Eglise Catholique de Rome, qui menaçait ses fidèles de souffrances dans l'Au-delà s'ils n'observaient pas ses ordres de « bonnes conduites », se mit à proposer des allégements (des « indulgences ») de ces menaces à ceux qui lui donneraient des sous pour financer la construction de la Basilique Saint Pierre à Rome. Les protestations d'indignation que Martin Luther adressa à son église à ce sujet furent largement reprises à travers toute l'Europe par le peuple des Chrétiens, qui s'en empara pour régler ses comptes avec le clergé Catholique Romain.

5. La théorie de l'héliocentrisme de Copernic, imprimée en 1543, qui va déclencher une révolution scientifique. La théorie de Copernic affirmait que la terre tourne autour du soleil (et non pas le contraire). Malgré toutes les évidences scientifiques qui confirmaient cette théorie, elle sera virulemment (et très longtemps) contestée par l'Eglise Catholique comme étant « contraire aux Ecritures » (l'Eglise voulait l'Homme au centre de l'univers).

Toute cette période de « remue-ménage intellectuel » est la période que les historiens appellent *La Renaissance*. Effectivement, en ébranlant le cadre de référence monolithique de l'Eglise Catholique Romaine, ces événements ouvrirent l'Europe à de nouveaux champs d'exploration, lui offrant de grandes occasions de « renaissance ». L'Europe connut une explosion de créativité dans tous les domaines des arts : la musique, l'architecture, la peinture... Elle quitta sa vieille peau, sortant ainsi d'un millénaire de *Dark Ages* (terme anglophone désignant le Moyen Age, et qui signifie littéralement « Age Sombre ») pour « renaître ».

Mais les changements d'équilibres de pouvoirs se font rarement sans heurts. Et les grandes questions, soulevées avec ténacité par les Humanistes (philosophes) et les Réformateurs (théologiens) secouèrent l'Europe tout entière. En France, les protestataires contre l'autorité ecclésiale payeront très cher leurs questionnements et leurs revendications. Les guerres de religions, et l'Inquisition qui suivra, tueront, exileront ou feront abjurer de force tous ceux qui « protestaient » contre la loi latine unilatérale et imposée.

B. LA REFORME

Qui étaient les *Protestants* ?

Les *Protestants* étaient des chrétiens de l'Europe de l'ouest qui *protestaient* contre les abus de pouvoir du clergé de l'Eglise Catholique Romaine. Ils revendiquaient le droit à *la Parole pour Tous* dans l'Eglise. Jusque-là, le clergé s'était réservé à lui seul « La Parole de Dieu », en interdisant au peuple tout accès direct à la Bible. Les Protestants, eux, pensaient que la Parole de Dieu était destinée à l'ensemble du peuple des baptisés, et non pas juste à une élite. Ils traduisirent donc la Bible en langues courantes pour la rendre accessible à tous, et se mirent à la lire en cachette (pour échapper aux représailles du clergé Romain). Puis, ils apprirent à lire à leurs enfants pour qu'ils aient, eux aussi, accès à la « Parole de Dieu ».

Et c'est ainsi, en lisant la Bible (selon des traductions plus fidèles aux langues d'origine), qu'ils redécouvrirent la dimension bilatérale de la « diatheke », cette notion d'engagement *bilatéral* dans l'Alliance Sacrée. Cette redécouverte eut un impact énorme sur leur compréhension des Ecritures et amplifia sérieusement leur distanciation avec l'Eglise Catholique Romaine (allant jusqu'à les pousser à formuler une nouvelle théologie « Réformée »). Car selon leur nouvelle lecture des textes Bibliques (enfin accessibles par l'imprimerie et par les traductions en langues courantes), ils étaient arrivés à la conclusion que l'on ne *naît* pas croyant, mais qu'on le *devient*, par choix délibéré.

Cette nouvelle conception (*de libre engagement*) introduit une notion nouvelle : celle du **libre arbitre.** L'homme se voit désormais accorder la liberté de dire « oui » ou de dire « non » à son Dieu. Ce concept théologique révolutionnaire aura des répercussions très importantes sur les sociétés à venir car, avec la liberté de choisir, l'homme se trouve désormais chargé d'une responsabilité personnelle face à son destin. Avec le droit de dire « oui » ou « non », et d'assumer ses propres choix, chacun devient responsable de sa propre vie. L'engagement du croyant ne se fait plus sans son accord explicite. En d'autres termes, le libre consentement précède tout engagement de lien. L'alliance ne se fait plus sans que la reconnaissance soit **mutuelle et réciproque** entre les deux parties. Un exemple, parmi d'autres, qui témoigne de cette dimension d'alliance *à consentement mutuel* fut, pour les Protestants, le refus d'imposer aux petits enfants le sacrement du baptême, au profit d'un baptême choisi à l'âge adulte.

A la lecture des nouvelles traductions Bibliques (plus fidèles aux écritures d'origine), ces mêmes protestataires affirmaient que Dieu est bien le Dieu de tous, de tous ceux qui le reconnaissent comme tel. Pour sceller son Alliance avec Dieu, il suffisait d'en faire la démarche personnelle et volontaire (démarche que seule la personne concernée pouvait faire, et que personne d'autre ne pouvait plus faire à sa place). Ils proclamaient aussi que tous les chrétiens sont égaux devant Dieu, qu'ils sont **tous frères d'un Seul et Même Père**. Ils réfutaient ainsi toute hiérarchie dans l'église, affirmant qu'il n'y a pas de *Père/Auteur/Créateur* autre que Dieu-le-Père, pas de *Seigneur* autre que Le Seigneur Dieu. Ainsi ne reconnaissaient-ils plus les curés comme « pères » et n'appelaient-ils plus les évêques « Monseigneur ». Ils professaient le « sacerdoce universel » pour tous les baptisés (« *sacerdos* » en latin signifie *prêtrise**).

Personne ne pouvait donc plus se prévaloir d'une quelconque supériorité sur son prochain, au sein de la communauté des croyants. Cette différence théologique demeure toujours entre Catholiques et Réformés (divergence continuelle sur la question des « ministères » dans les sphères œcuméniques).

---

* Cf. "The pocket Oxford Latin Dictionary", Oxford University Press, 1994

A partir de là, on voit disparaître de la langue anglaise (la langue parlée par la plupart des pèlerins protestants du Nouveau Continent) le vouvoiement et le tutoiement. Le « you » (qui correspond au vouvoiement) sera désormais systématiquement adressé à tout le monde, offrant ainsi à chacun plein respect et égale considération. Le «Thou» (à usage intime) sera désormais réservé exclusivement pour prier Dieu.

Les Quakers – un mouvement religieux né des ces grands questionnements religieux, politiques et sociaux du milieu du 17e siècle en Angleterre – continuent à ce jour de pratiquer l'intégralité de cette notion de **tous égaux devant Dieu** : la parole pour tous, pas de titres, pas de clergé et pas de distinction vouvoiement/tutoiement. Professant un Dieu d'Amour Universel (qui demeurerait en tout être humain), ils refusèrent de porter des armes contre qui que ce soit. Encore aujourd'hui, ils sont nombreux à refuser de participer à toute action militaire ou même de payer un quelconque impôt pour soutenir l'armée du pays dans lequel ils se trouvent.

Cf. « An introduction to Quakers » http://www.quakers.ca/intro/ html

La France et les Protestants

La France fut très touchée par cette révolution théologique et philosophique, qui foisonnait dans toute l'Europe du Nord. Un très grand nombre de ses citoyens fut attiré par ce mouvement intellectuel qui revendiquait l'égalité des droits. Un Français de Picardie, dénommé Jean Calvin, fut un des plus grands « instituteurs » de ce mouvement, qu'on appela la Réforme (parce qu'il revendiquait une *réforme* de l'église). Jean Calvin, avec son homologue écossais, John Knox, proposa une nouvelle structure institutionnelle de l'église, plus adaptée au principe de « tous égaux devant Dieu » (elle répartissait à égalité le pouvoir de décision parmi tous les membres de la communauté des croyants). Il renversa la structure pyramidale latine et rendit tout pouvoir de décision à la base, faisant en sorte que toute décision concernant la communauté des fidèles soit prise par *l'ensemble des membres de la communauté.* Puis, chaque communauté désignait un représentant ayant pour mission d'agir en « porte-parole » de sa communauté locale vers les « synodes » (instances régionales regroupant les représentants des diverses communautés de base).

Ce système « presbytérien synodal » existe toujours dans l'Eglise Réformée de France et dans l'Eglise Presbytérienne d'Ecosse. Et c'est précisément sur ce modèle d'institution démocratique que sera conçue, 200 ans plus tard sur le « nouveau continent », la première République Démocratique.

A la période de la Réforme (XVIe et XVIIe siècles), certains pays d'Europe basculèrent entièrement vers le Protestantisme. Mais la France, trop fortement imprégnée du système hiérarchique Latin, ne pouvait assumer une telle remise en question de sa structuration du pouvoir. Elle opta donc pour la conservation de son système hiérarchique de *loi Verticale* à structure pyramidale, et elle jeta dehors (et dans la Seine) les très nombreux Protestants français. En se débarrassant des Protestants, elle se débarrassait aussi de cette « hérésie » de *loi Bilatérale,* notion qui continuera de se développer ailleurs – en Angleterre, par exemple – et qui posera le fondement des textes des Droits de l'Homme à venir (voir, plus loin, la liste des textes Anglais qui ont inspiré la grande déclaration des Droit de l'Homme).

Les Protestants et le Nouveau Monde

Les Protestants persécutés, qui tentaient d'échapper à la tyrannie de la Contre-réforme de l'Europe Catholique Romaine, partirent s'installer sur le nouveau continent américain, fraîchement découvert par des aventuriers européens. Ils traversèrent l'Atlantique dans l'espoir d'y vivre en paix. Là-bas, ils s'organisèrent politiquement pour mettre en place un système d'ordre public qui soit cohérent avec leur principe de « tous égaux devant Dieu ».* (voir encadré qui suit)

Mais comment s'organiser localement pour garantir un certain ordre public si plus personne ne peut prétendre « faire autorité » sur son prochain ? Pour répondre à cette question, ils se réfèreront au modèle institutionnel instauré par les Réformateurs Jean Calvin et John Knox. C'est ainsi que la revendication de « parole pour tous » se traduisit socialement par la création d'une nouvelle forme de gouvernement à suffrage universel*. Ce système accordait à chacun une **voix égale** dans les décisions prises pour l'ensemble du groupe. Personne — *quelles que soient ses ressources (familiales, professionnelles ou financières)* — ne pouvait plus se prévaloir d'une voix prépondérante. Les prises de décisions se trouvaient ainsi être le fruit de « paroles partagées », à égalité de poids. Elles devaient se faire par un vote <u>à bulletin secret</u>, à l'abri d'éventuels rapports de forces. De ce processus de vote – à voix égales – naissait *une loi*.

---

* On dira « tous égaux » et on parlera de suffrage « universel », mais à l'époque, ces termes n'englobaient ni les femmes, ni les Noirs, qui ne furent pas considérés comme des citoyens à part entière. Quant aux indigènes du nouveau continent (les Indiens), c'est à peine s'ils faisaient partie de la grande famille des humains ! Un statut « à part », leur fut réservé, politiquement et géographiquement.

Ce sera bien plus tard que les hommes Noirs américains et les femmes obtiendront le droit de vote : 1870 pour les hommes Noirs, via le XVe amendement de la Constitution, et 1920 pour les femmes, via le XIXe amendement. Et pour obtenir ce droit de vote, ils utiliseront les mêmes arguments de « tous égaux au regard de Dieu ». Mais c'est dans les états du Sud qu'ils rencontreront le plus de difficultés à se le faire accorder (région à influence française et Catholique)…

100 ans plus tard, Martin Luther King, pasteur protestant dans les Etats-Unis du Sud, réaffirmera « tous égaux devant Dieu » dans son combat contre le racisme persistant.

III. DES REVOLUTIONS POLITIQUES

A. LA REVOLUTION AMERICAINE

Pour concrétiser une nouvelle forme de gouvernement plus cohérente avec les principes de **libre arbitre, liberté de choix** et de **parole pour tous**, les habitants du Nouveau Monde prirent leur indépendance de la Couronne Anglaise – dont ils demeuraient jusque-là les « sujets » – et ils installèrent leur nouveau système de gouvernement.

Afin d'éviter de reproduire un Etat *totalitaire et dictatorial*, où tous les pouvoirs sont accordés à un seul individu, « Chef de l'Etat » (système qu'ils avaient connu et fui par ailleurs), les révolutionnaires du continent choisiront de séparer les pouvoirs d'Etat en trois instances distinctes et indépendantes l'une de l'autre : le pouvoir législatif, le pouvoir exécutif et le pouvoir judiciaire (chaque instance devant se référer aux deux autres).* Cette séparation des pouvoirs d'Etat se voulait être la clef de voûte de l'édifice, lui garantissant une stabilité à long terme.

Il fut également convenu que le pouvoir législatif ne pouvait promulguer une loi sans l'approbation expresse de tous les citoyens (par un système de proposition de lois et de vote d'approbation au suffrage universel). Ceci fut la forme visible et concrète de l'affirmation que plus personne ne « faisait Loi » sur autrui ; la Loi était désormais le fruit de *paroles partagées (à voix égales)* entre toutes les personnes concernées.

La Constitution de ce nouveau système de gouvernement – tout-à-fait révolutionnaire – fut formalisée en coopération avec de grands penseurs français avec qui ils entretenaient des liens étroits (cf. chapitre « B » ci-après).

C'est ainsi que naquit la « République Démocratique des Etats Unis ». en 1776

---

*Système élaboré par **Locke** (1632-1704) et repris par **Montesquieu** (1689-1755). Cf. Wikipedia : « séparation des pouvoirs »

B. La Revolution Française

Pendant le Siècle des Lumières, sur le continent européen, certains grands penseurs français (Voltaire 1694-1778, Montesquieu 1689-1755, Diderot 1713-1784, Rousseau 1712-1778...), très marqués par la pensée anglaise des siècles précédents (Roger Bacon 1214-1294, Francis Bacon 1561-1626, Hobbes 1588-1679, Locke 1632-1704...), introduisirent en France les notions de *droits de l'homme* déjà inscrites dans certains textes de loi en Angleterre (voir, à la fin de ce chapitre, la liste des textes Anglais qui préfigurent la grande déclaration des Droits de l'Homme).

Il y eut des échanges incessants entre la France et l'Angleterre sur les questions des droits de l'homme. L'esprit humaniste franchissait régulièrement les frontières (dans les deux sens). La plupart des philosophes précédemment cités traversèrent la Manche pour séjourner un moment de leur vie dans le pays voisin, y créant ainsi des occasions d'influences réciproques. Le premier texte anglais qui préfigure tous les autres textes des droits de l'Homme, La Magna Charta, fut même rédigé en France (où les « sujets » anglais s'étaient réfugiés pour exprimer leurs revendications à leur roi).

Sur le plan scientifique, les échanges furent également constants entre les deux pays. Ils s'effectuaient au hasard des rencontres, mais souvent grâce aux efforts de quelques individus, convaincus de l'importance de la coopération dans ce domaine.

L'Abbé Marin Mersenne (1588-1648), un savant français, très influencé par les apports de Galilée et persuadé de la nécessité d'un travail scientifique collectif, entreprit de favoriser les échanges entre tous les savants de son temps (Descartes, Pascal, Fermat, Beckmann, Torricelli). Il leur rendait visite et entretenait avec eux des correspondances abondantes. Il est un bel exemple de coopération scientifique sur le plan international.

Les textes de loi en vigueur en Angleterre sur les libertés individuelles et leurs garanties institutionnelles - basées sur la protection du citoyen et les droits du peuple (*commun law*) face à l'autorité de la Couronne – exerçaient une influence profonde chez les penseurs révolutionnaires français. Les grands intellectuels français marchaient ainsi « main dans la main » – philosophiquement et politiquement – avec leurs homologues anglais outre-manche et outre-Atlantique. C'est ainsi que la France fera sa propre expérience de révolution politique quelques années seulement après la Révolution Américaine : en 1789, le peuple français se révoltera contre son roi – l'héritier privilégié de la *loi Verticale et Unilatérale* et Chef d'Etat « de droit divin ».

Il est intéressant de noter que la devise de la Révolution française, « liberté, égalité, fraternité », provient des trois notions inspirées par la Réforme, qui revendiquait la liberté (de parole), l'égalité (de parole) et la fraternité (tous frères d'un seul et même Père).

Et la revendication de « tous égaux » est une reprise partielle (version laïque) de la revendication protestante «tous égaux devant Dieu » (c'est-à-dire à égalité de respect et égalité de considération). Cependant, l'élimination des mots « devant Dieu » dans la version laïque en déformera sérieusement le sens, laissant supposer qu'il s'agissait d'une revendication pour une égalité de compétences, ce qui est un objectif totalement irréaliste (l'idée était plutôt de tendre vers une égalité *d'opportunités* pour que chacun puisse développer ses compétences propres qui, elles, *sont différentes)*.

Pour son émancipation, le peuple français se référa au modèle de gouvernement outre-Atlantique (qu'il avait contribué à mettre en place), et il reprit l'essentiel de la Déclaration d'Indépendance des Etats-Unis d'Amérique pour proclamer le 26 août 1789 la « Déclaration des Droits de l'Homme et du Citoyen ». Malheureusement, cette Déclaration de 1789 n'aura aucune valeur normative lors de sa proclamation ; il faudra attendre 150 ans pour qu'il lui soit conféré une valeur constitutionnelle (via le Préambule de la Constitution du 27 octobre 1946).

Mais, contrairement au principe de base sur lequel se fonde la Constitution américaine (« *Power to the people, by the people and for the people* », ce qui signifie « *pouvoir au peuple, par le peuple et pour le peuple* »), les législateurs de la Constitution française choisiront un cadre monarchique pour leur nouveau gouvernement : le 9 juillet 1789, l'Assemblée Nationale Constituante mettra fin à l'absolutisme royal au profit d'une *Monarchie Constitutionnelle*. C'est ainsi, toujours pour préserver l'autorité d'une élite « éclairée », que nous ferons une fois de plus en France, le choix du cadre traditionnel de loi verticale...

Quant au pouvoir du peuple, il fut quasi nul : la Constitution de la Convention (1793-1795) prévoyait l'application du « suffrage universel » aux élections législatives et mettait en place l'usage du référendum, mais cette Constitution ne fut jamais appliquée.

La période sanglante de la Terreur qui suivit la Révolution Française apporta quelques années de chaos et de rapports de forces. Ce chaos discréditera le nouveau gouvernement et anéantira toute chance de création d'une réelle démocratie politique. Les principes de liberté et d'égalité de paroles, semés par la révolution de 1789, seront balayés du paysage français en quelques années par un général de l'armée, Napoléon Bonaparte. Les 18 et 19 Brumaire (9 et 10 novembre 1799), avec l'aide de l'armée, Bonaparte imposa un coup d'Etat et instaura un gouvernement provisoire. Puis en 1804, il s'auto-couronna Empereur de France (méthode bien Latine...), et se fera consacrer Empereur par le pape Pie VII à Notre Dame de Paris (imitant ainsi Charlemagne, qui scella son alliance avec l'Eglise de Rome en se faisant couronner <u>Empereur d'Occident</u> par le pape, le 25 décembre <u>800</u>).

En peu de temps, cet homme militaire corse (retour à la culture latine...) réduit « à néant » les quelques données démocratiques qui restaient et réintroduit la dimension de « droit divin ». Ce Général des Armées met en place des institutions d'Etat calquées sur les structures militaires (à pouvoir hyper centralisé : lui seul à la tête de la pyramide), basées sur des relations verticales de supérieurs à inférieurs.

La cellule familiale comme les institutions religieuses, économiques et sociales fonctionneront désormais en application de la loi verticale (relation domination/soumission). Le Code Civil de 1804 de Napoléon placera la femme mariée sous l'autorité de son mari. Elle sera considérée « incapable et mineure à vie » :

« Contrairement à la femme célibataire majeure, considérée, elle, comme capable, impossible pour l'épouse de passer un acte juridique ou d'exercer un droit quelconque sans l'accord de son mari. Le principe de citoyenneté, si préoccupé d'égalité, ne semblait d'ailleurs pas souffrir de la place accordée à l'épouse : ''les personnes privées de droit sont les mineurs, les femmes mariées, les criminels et les débiles mentaux'' (art 1124).

La tutelle maritale, qui impliquait que la femme mariée ne puisse ni travailler, ni posséder de compte bancaire sans l'accord de son mari, était la règle. De même, l'épouse ne pouvait soustraire sa correspondance privée à son mari, ni être libre de ses relations ou déplacements. Et ce ne sont là que quelques exemples... ».

Cf. « Livre de Notre Mariage », éd. Evénements et Tendances, Paris 2005. Ce petit livre est offert par certaines mairies françaises aux jeunes époux à l'occasion de leur mariage. Il décrit l'évolution du mariage en France.

Sous le régime du Consulat et du Premier Empire (1799-1815), il ne fut plus question d'appliquer le principe de « suffrage universel ». La Constitution consulaire du 22 frimaire an VIII permettait le recours au plébiscite (référendum), dont Napoléon Bonaparte usa à plusieurs reprises, pour modifier la Constitution et installer le régime impérial.

****

Quant à la monarchie constitutionnelle qui suivra (1815-1848), elle était une monarchie *censitaire,* c'est-à-dire un régime à « suffrage censitaire » (le « suffrage censitaire » est un suffrage qui conditionne le droit de vote à la fortune). Ainsi, seuls les citoyens (masculins) suffisamment fortunés pouvaient voter. Ils votaient pour élire leurs représentants gouvernementaux – qui, eux, imposaient leurs lois. Le Roi demeurait à la tête du pays, représentant de l'*Autorité Suprême* (notion qui ne fut plus remise en question).

****

Avec la constitution de la Deuxième République (1848-1852), le suffrage universel (suffrage dit « universel », mais qui excluait les femmes, les militaires, le clergé et les Algériens)* fut enfin adopté, permettant l'élection du Président de la République. Mais cette deuxième république ne dura pas longtemps. La logique verticale reprit très rapidement le dessus, et au bout de quatre ans, le nouveau Président de la République se permettra, lui aussi, de s'autoproclamer Empereur :

> « Alors qu'il est Président des Français et en opposition avec l'assemblée conservatrice, Louis-Napoléon organise le **Coup d'État du 2 décembre 1851**, qui lui permet d'imposer une nouvelle constitution, et bientôt d'imposer l'Empire français. La première moitié de ce « Second Empire » est dite de **l'Empire autoritaire**…
>
> La Constitution du 14 janvier 1852 instituée par Napoléon III était largement inspirée de celle de l'an VIII. Si le suffrage universel masculin est rétabli, tous les pouvoirs exécutifs n'en sont pas moins **concentrés dans les mains du chef de l'État**. Il pouvait nommer les membres du Conseil d'État, dont la tâche était de préparer les lois, et du Sénat, un corps établi de façon permanente en tant que partie constitutive de l'Empire. Le corps législatif était de nouveau élu au suffrage universel masculin mais **il n'avait aucun droit d'initiative**, toutes **les lois étaient proposées par le pouvoir exécutif**… »**

Alors, la France retomba dans un régime dictatorial, quasiment totalitaire. Et cela, pour une durée de près de 20 ans (1852-1870)…

* Cf. http://fr.wikipedia.org/wiki/Suffrageuniversel
** Idem, avec mots clés soulignés en gras par l'auteure

Quant à la Troisième République (1875-1940), elle apportera quelques modifications sur le plan politique (élections des membres de l'Assemblée nationale, et pour l'essentiel, du Sénat)*, mais ce pouvoir ne rendra aux hommes français qu'une liberté de choix très réduite, et seulement dans le domaine politique. Le citoyen de base ne vit ainsi que peu de changement dans sa vie au quotidien, demeurant tenu dans sa classe sociale, ne pouvant se libérer des contraintes qui lui étaient imposées par les classes dites « supérieures ».

C'est précisément dans ce contexte rigide et étouffant (bien décevant, suite aux grands espoirs de liberté exprimés par la Révolution, cent ans plus tôt), que les intellectuels français manifesteront leur déception et rappelleront leur volonté de liberté en offrant la superbe *Statue de Liberté* à leurs « frères révolutionnaires » Outre Atlantique. **La Liberté éclairant le monde** (*Liberty Enlightening the World*), plus connue sous le nom de **Statue de la Liberté** (*Statue of Liberty*) sera construite par Bartholdi et Eiffel et érigée à New York, en 1886, dans le port d'entrée le plus important des Etats-Unis. La liberté est ici représentée par une femme tenant le livre du Savoir à la main gauche et une torche allumée à la main droite.

> « La statue de la Liberté est due au sculpteur français Frédéric-Auguste Bartholdi et sa structure interne est l'œuvre de l'ingénieur Gustave Eiffel… L'idée d'un présent en gage de l'amitié franco-américaine et pour le centenaire de l'indépendance du pays est due au politicien et historien Édouard Lefebvre de Laboulaye, auteur de « Paris en Amérique » et des « Contes Bleus ». Bartholdi aurait confié à ce dernier :
>
> *« Je lutterai pour la liberté, j'en appellerai aux peuples libres. Je tâcherai de glorifier la république là-bas, en attendant que je la retrouve un jour chez nous».*
>
> Cf.http://fr.wikipedia.org/wiki/Statue_de_Liberte

* Cf. http://fr.wikipedia.org/wiki/Suffrage_universel, extrait tire du 7 nov. 2007

Se trouvant un peu trop « bridée» dans le domaine culturel, la France adoptera en 1901 une nouvelle législation, permettant à ses citoyens de s'organiser localement en « associations ». Par le biais de ces associations locales (que l'on appellera *les associations à loi 1901*), les gens pouvaient trouver un peu d'espace d'expression et de liberté de mouvements. Mais, malheureusement, au sein de leur sphère d'action, la plupart de ces associations adopteront le même fonctionnement dictatorial que toutes les autres structures françaises : hiérarchisées, à pouvoir centralisé, réservant le pouvoir de réflexion et de décision à un seul individu (le Président de l'association), ou à un petit comité d'individus (regroupés en « Bureau »). Rares seront les associations qui accorderont un réel partage de réflexion, de décision et de prise d'initiative à l'ensemble de ses membres. Ceci reste malheureusement encore vrai de nos jours.

Et, jusqu'à la 2e Guerre Mondiale, la majorité de la population française (la part féminine) continuera d'être réduite au silence, interdite de toute expression politique.

Oui, c'est seulement à la fin de la Troisième République, avec la dévastation de la Guerre, que les femmes françaises seront enfin reconnues comme citoyennes à part entière. Libérées qu'elles étaient des restrictions et interdictions qui leur étaient imposées « en temps normal », elles feront preuve, en temps de guerre, d'efficacité et de compétences indiscutables dans la sphère 'extérieure'. Ainsi seront-elles admises en 1944 au « suffrage universel » et pourront-elles participer au vote de la Constitution de la Quatrième République (1946-1958).

Le fait que les femmes françaises aient été parmi les dernières du monde Occidental à se voir émancipées politiquement (c.à.d. libérées de *l'interdiction de s'exprimer politiquement*) doit nous interroger. Au regard des faits historiques relatés ci-dessous, on ne peut qu'admettre une relation évidente entre le sexisme et la culture française :

Les 10 premières régions au monde à lever l'interdiction aux femmes de s'exprimer aux élections furent toutes anglophones (à l'exception de la République Corse qui, curieusement, fut la toute première, en 1755. Mais ce droit accordé aux femmes célibataires Corses fut aussitôt supprimé par la France, lorsqu'elle annexa l'île en 1769) :

L'Etat de New Jersey (USA) : en 1776
Les Iles Pitcairn (colonie anglaise du sud Pacific) : 1838
Le Sud Australien (sous la couronne anglaise) : en 1861
L'île de Man (territoire britannique) : en 1866
Le « territoire » du Wyoming (USA) : en 1869
Franceville (île du sud Pacific, sous influence australienne) : en 1879.
    Cependant, ce droit fut supprimé en 1887, lorsque la population française y dépassa le nombre de « sujets » anglais.
La Nouvelle Zélande : en 1893
Le Colorado (USA) : 1893
L'Utah (USA) et l'Idaho (USA): en 1896
L'Australie tout entière : en 1902
La Finlande (pas anglophone, mais protestante): 1906
L'Etat de Washington (USA) : 1910
La Californie (USA): en 1911
Le Kansas (USA), l'Orégon (USA) et l'Arizona (USA) : en 1912

Les suivants sur la liste seront encore des pays protestants : La Norvège en 1913, le Danemark et l'Islande en 1915...
...puis, le Canada, en 1917 (à l'exception du Québec – région francophone du Canada – où les femmes devront attendre 1940...).
    L'Angleterre accorda un droit de vote limité aux femmes en 1918 et l'égalité électorale avec les hommes en 1928. Le suffrage féminin sera généralisé à l'ensemble des états des USA en 1920, via le XIX amendement (l'imposant aux Etats du Sud, qui résistaient toujours...).

Quant aux françaises :

> «... il fallut attendre 1944 pour que ce droit fût reconnu aux Françaises, presque un siècle après l'institution du suffrage masculin (1848). Soit bien après l'Inde et la Turquie.
>
> Le décalage s'explique en partie par le contexte idéologique qui a entouré cette revendication en France et dans les pays anglo-saxons. En Angleterre et aux Etats-Unis, les suffragistes ont brandi des arguments utilitaires fondés sur l'apport spécifique des femmes à la collectivité publique, ainsi que circonstanciels...
>
> En France par contre, le débat généré par plusieurs courants parfois opposés (universalistes et catholiques) relevait d'un choix plus philosophique (axé sur l'avènement de l'individu-citoyen) que véritablement politique. »
>
> Cf. http://gallica.bnf.fr/theme (« suffrage des femmes ») tiré le 18.11.07

****

Avec la Cinquième République, la France connaîtra d'autres événements en réaction aux abus de la logique de loi verticale et unilatérale (qui n'accordait la liberté de parole et prise d'initiative qu'à quelques individus). Les événements de Mai 1968, par exemple, illustrent bien la rébellion de la jeunesse contre cet autoritarisme persistant. Leur slogan « il est interdit d'interdire » traduisait clairement leur rejet de la LOI telle qu'elle était conçue et pratiquée en France. Mais ce slogan ne pouvait être «entendu », car il n'était pas « recevable ». En effet, aucune société ne peut subsister sans interdits (ne serait-ce que pour contrer le meurtre). Mais pour être efficace (respectée), une interdiction doit être comprise et acceptée ; ce qui suppose *concertation* et *dialogue*.

> Comme l'étymologie du mot ***interdiction*** l'indique (*inter :* entre / *diction :* parler), une *interdiction* se doit d'être le fruit d'un échange de paroles. Car le mot porte bien la dimension de « l'entre-deux », du « partage », de « l'échange ».

Pour avoir une chance d'être respectée une loi doit avoir été obtenue de façon *bilatérale,* par engagement réciproque, et non pas imposée *unilatéralement,* par la force et par le chantage.

L'erreur du mouvement 68 fut de rejeter le principe même des interdits et de la loi. Il aurait été plus judicieux qu'il revendique une requalification du *mode de délibération des lois - qui décide des interdits ?* – plutôt que de rejeter les interdits dans leur globalité.

IV. LE MONDE ACTUEL

A. LA FRANCE

Notre pays vit aujourd'hui une profonde confusion. Restant accrochée à ses structures à pouvoir hiérarchisé et centralisé, où la notion de consentement mutuel fait grandement défaut, notre pays continue d'agir selon une logique dictatoriale (Verticale et Unilatérale), tout en tenant des discours démocratiques. Les ouvriers qui se trouvent à la base des structures pyramidales des institutions françaises (l'Education Nationale, les administrations étatiques, les entreprises nationales) organisent grèves après grèves pour se faire entendre, mais les « autorités » refusent de les écouter. Car, dans cette logique verticale, tenir compte de l'avis des gens de la base serait faire preuve de faiblesse (en d'autres termes, ce serait désavouer la prétendue « infaillibilité » des «chefs » au pouvoir).

La France est ainsi écartelée entre ses discours démocratiques (à prétentions d'égalité et de coopération) et ses pratiques dictatoriales (à structures hiérarchisées, fonctionnant avec la logique verticale et unilatérale). Ces deux logiques étant réellement incompatibles, s'opposant sur l'essentiel de ce qui constitue les règles de fonctionnement dans les *relations humaines,* elles ne peuvent coexister sans générer un profond malaise.

Voici quelques exemples d'oppositions frappantes entre ces deux logiques :

• Dans la logique bilatérale, « être responsable » signifie *assumer ses propres choix, sa propre parole et ses propres actes.*

• Dans la logique unilatérale, « être responsable » signifie *faire assumer ses propres choix par d'autres* (ses « inférieurs »).

- Dans la <u>logique bilatérale</u> : **la parole est à tous.**

- Dans la <u>logique unilatérale</u> : seules certaines personnes « désignées » ont droit à la parole, les autres sont priées de **se taire, écouter et obéir.**

- Dans la <u>logique bilatérale</u>, il est malvenu de s'imposer à autrui. On préfère la formule : **l'un propose, l'autre dispose.**

- Dans la <u>logique unilatérale</u>, s'imposer est une qualité, car pour être un bon « responsable », il faut savoir **imposer sa volonté.**

Mais la différence essentielle – celle qui semble sous-tendre toutes les autres – est la suivante :

- Dans la <u>logique bilatérale</u> : **la Loi n'est jamais personnifiée**, ce n'est jamais la volonté de quelqu'un ; c'est un engagement réciproque - mutuellement consenti- entre les divers membres concernés. On n'obéit pas « à quelqu'un » ; on obéit à la loi (un contrat social).

- Dans la <u>logique unilatérale</u> : la Loi *est* personnifiée. Elle correspond à la parole de Quelqu'un (Celui/Celle désigné(e) – par le haut - comme faisant « Autorité » sur ceux « en dessous »). **Sa volonté fait loi et exige obéissance.**

La France navigue péniblement entre ces deux logiques, tantôt selon les règles de l'une, tantôt selon les règles de l'autre. Dans le langage des journalistes, éditorialistes et hommes politiques, on entend beaucoup parler de « schizophrénie du peuple français ». Si « schizophrénie » il y a, je crois qu'elle provient de cette dichotomie que nous vivons, sans la comprendre. En effet, les Français s'éloignent de plus en plus de l'Eglise Catholique et se libèrent petit à petit de sa logique de verticalité, de haut en bas, avec sa hiérarchie et son sens du devoir de soumission. Mais cette logique est tellement imbriquée dans la langue française et dans ses structures institutionnelles, qu'elle ressurgit en tant que « réflexe », comme recours immédiat en période de crise. Ainsi persiste-t-elle contre vents et marées au fil des siècles.

Oui, notre pays demeure profondément latin. On y voit continuellement se jouer des jeux politiques par lesquels les gouvernements font « sauter » quelques individus (qu'on appelle des *fusibles*) qui servent de « boucs émissaires » et que l'on « sacrifie » pour permettre aux responsables politiques qui ont commis des erreurs de rester au pouvoir... Et puis, devant certains délits politiques, on entend des choses étranges, comme « oui, je suis responsable... mais pas coupable »... (?) On entend également certaines « autorités » en matière de psychologie ou de religion – tellement enfermées dans leur logique de Loi unilatérale – affirmer que c'est en transgressant la Loi que l'on grandit... ! Effectivement, si la Loi est comprise comme étant la volonté de Papa ou de Maman (logique latine), et que Papa ou Maman ne me permet pas de réfléchir ou d'agir de moi-même (me punissant quand je ne vais pas dans leur sens), il me sera effectivement nécessaire de confronter *ma* volonté à la *leur* pour grandir. Mais ce n'est certainement pas en transgressant la Loi – ce contrat décidé collectivement par l'ensemble dans le but d'assurer la sécurité de chacun– que je ferai preuve de maturité!

B. LES ETAT UNIS

De toute évidence, l'exemple américain (de la structuration de ses institutions) est radicalement différent du modèle français. MAIS, attention, je n'ai aucunement l'intention de présenter le gouvernement américain actuel comme un archétype de démocratie ! Sur la scène politique internationale, l'Amérique d'aujourd'hui tourne le dos à ce qui a constitué ses fondements en agissant davantage comme une dictature que comme une réelle démocratie.

Le fait est que l'avènement traumatisant que fut la Deuxième Guerre Mondiale modifia sensiblement la paysage politique pour les Etats Unis, autant sur le plan national que sur le plan internationale. Sa mise en place (et perduration) de « mesures exceptionnelles » pour répondre à la situation de guerre, et sa forte contribution à la victoire des Alliés contre le nazisme/fascisme (ainsi libérant l'Europe), l'amena a se croira investie d'une mission de *sauveur du monde*. On voit désormais apparaitre, dans la politique Américaine, des phénomènes qui s'apparentent a une dictature « a droit divin » :

> <u>1940</u> : décision de la Court Suprême d'instaurer, et généraliser une récitation patriotique – *Pledge of Allegiance* – à faire quotidiennement (avec le regard porté sur le drapeau et la main droite placée sur le cœur).

> <u>1943</u> : retrait de l'obligation du *Pledge of Allegiance* (considérée contraire au 1e Amendement de la Constitution)

> <u>1947</u> : création de la CIA, agence secrète nationale, « *qui sert de 'main invisible' pour des actions paramilitaires secrètes, sous la direction directe du Président... »**.

> <u>1948</u> : usage du terme « croisade » dans la bouche du Président pour décrire ses agissements militaires en tant que Général des Armées (voir les mémoires du président Eisenhower, « *Crusade in Europe* »).

> <u>1950</u> : lancement par le Président Truman d'une « action policière » lorsque les Communistes de la Corée du Nord envahirent la Corée du Sud. Il fera cela sans l'accord de son Congres et passera par l'approbation de l'ONU, <u>qui le félicita</u>.

> <u>1954</u> : rajout des mots *"under God"* à la récitation quotidienne *du Pledge of Allegiance.*

---

* En version original: *"It also serves as the government's paramilitary hidden hand via <u>covert operations</u> at the direction of the <u>President</u>..."*
Cf. http://en.wikipedia.org/wiki/Central_Intellegence_Agency du 7/11/07

<u>1956</u> : adoption de "In God we trust" comme slogan national.

<u>1957</u> : premières inscriptions de « In God we trust » sur les billets de banques.

<u>1960</u> : usage populaire du terme « Imperial Presidency », qui servira de titre à un livre écrit en 1973 par l'historien Arthur M. Schlesinger, Jr. pour décrire la présidence moderne.
Etc…

Un grand nombre d'Américains sont aujourd'hui effarés du comportement de leurs dirigeants. Les Etats Unis d'Amérique ont actuellement un Président qui agit non pas comme un « serviteur et représentant de la volonté du peuple », mais comme *Volonté Suprême*, comme *Magnus*, Celui qui fait Autorité sur tous, qui Sait, Décide et Maîtrise Tout, pour tout le monde, envers et contre tous. Et ne se permet-il pas de proclamer -avec une candeur déconcertante – « *I am the decider* » (« *Je suis Celui qui décide* ») !? Comment une telle affirmation, venant de la bouche du Président de la plus grande démocratie du monde, est-elle possible ??? Qu'il s'agisse de sa politique étrangère comme de ses manœuvres intérieures, l'Administration actuelle fait preuve de non-respect de l'opinion d'autrui ; elle bafoue le droit à l'auto-détermination des autres pays ; le principe d'égalité de voix dans les prises de décisions, l'honnêteté et la transparence lui fait gravement défaut.

Les Etats Unis auraient grand besoin aujourd'hui (pour leur propre bien et pour celui du monde entier) de se remémorer leurs principes de base et de se réengager dans la voie du respect – pour TOUS – du libre choix et de l'auto-détermination. Même si je pense que ses dirigeants ont raison de croire que le monde se porteraient mieux si les divers pays adoptaient un système démocratique (plutôt qu'un système à structures dictatoriales), je ne vois pas comment un pays peut *imposer* ce système aux autres pays. La démocratie n'est pas quelque chose que l'on peut *imposer*, car elle est – par définition – le respect du **libre consentement**. Vouloir *imposer* le libre consentement (à coups de bombardements) est un non-sens absolu !

Les Etats Unis (par le biais de ses principaux dirigeants) persécutent aujourd'hui d'autres peuples de la planète, et elle le fait avec des discours religieux. C'est précisément ce qu'ont fui ses ancêtres en quittant l'Europe persécutrice des « protestants » il y a 500 ans ! Cette frappante contradiction crée un malaise sérieux chez beaucoup d'Américains. La réalité est que la République Démocratique d'Amérique n'est plus actuellement un pays pleinement démocratique. Des modifications significatives sont intervenues durant les dernières décennies dans le paysage politique américain qui permettent au Président Américain d'agir aujourd'hui comme il le fait, de façon unilatérale, en « Tout Puissant ». Ces modifications sont des conséquences directes de la Deuxième Guerre Mondiale et elles révèlent un inquiétant éloignement du concept initial de la démocratie (« tous égaux », à voix égale).

Il y a beaucoup à dire de l'accroissement des pouvoirs présidentiels aux USA, et donc de l'éloignement de l'Amérique de ses origines démocratiques. Et je trouve très rassurant de voir tout ce qui s'en dit, effectivement ! L'Amérique est aujourd'hui profondément troublée. Je pourrais écrire un livre intitulé « *Le Mal-être Américain : structures démocratiques à usage dictatorial* ». Mais ceci n'est pas l'objet du présent écrit, qui s'adresse au peuple français (je l'écris en tant que française, au sujet de la France et pour la France), parce que je pars du principe que les remises en questions commencent *chez soi*. J'ose espérer que mon initiative (d'offrir à mon pays des éléments de compréhension pour l'aider à avancer vers un mieux-être) invitera d'autres personnes à en faire autant, pour leurs pays respectifs. Et j'espère que ce que je décris ici sur les origines de la démocratie américaine sonnera suffisamment « juste » aux oreilles de mes lecteurs américains pour qu'ils soient alertés sur les raisons de leur propre mal-être.

Je souhaiterais tant voir l'Amérique sauvegarder ce qu'elle a de meilleur, à savoir : son principe de « *tous égaux en droit, en respect et en considération* » ! C'est grâce à cette notion *d'égalité* – **inscrite structurellement dans ses institutions** – que la République Démocratique des Etats Unis fut le refuge de tant d'immigrés de par le monde. Et c'est grâce à **ses structures** que ses habitants ont évolué au fil du temps, intégrant et réhabilitant, petit à petit, des individus venus du monde entier.

Afin d'éviter que mon analyse ne serve à alimenter davantage les guerres de religions (qui ont déjà fait assez de dégâts !), je tiens à souligner la chose suivante : même si le mouvement Protestant contribua historiquement, et de façon très active, au développement de la démocratie, ce ne sont pas les Protestants qui en garantissent sa perpétuation. La démocratie est une affaire de STRUCTURES (politiques, religieuses, sociales et familiales) ; structures qui garantissent à *tous ses membres* la liberté de parole et l'égalité de parole dans les prises de décisions qui les concernent. Ces structures sont applicables à **toute personne** – indépendamment de son héritage matériel, intellectuel, culturel, familial, sexuel, racial ou religieux. Elles peuvent être soutenues par des personnes courageuses des deux sexes, de toutes races et de toutes origines nationales. Elles peuvent être mises en place et appliquées dans *tous* les pays.

Ce qui inspira les premiers Protestants (avec l'aide des Humanistes) à créer ce système politique démocratique, était l'aversion très prononcée qu'ils avaient contre les abus de pouvoir (abus dont ils avaient personnellement fait les frais). La Bible, qui traite beaucoup de la question de l'esclavage, a servi de support à leur lutte pour une meilleure justice (comme elle le fut également pour le peuple Juif, esclave en Egypte, et pour le peuple noir, esclave en Amérique). Tout peuple opprimé, de par le monde, pourrait en faire autant –avec ou sans la Bible.

Le deuxième avantage que les Protestants d'origine avaient en leur faveur, était leur pluri-culturalité. Ils venaient de divers pays d'Europe, parlant différentes langues, pratiquant différentes coutumes. Ils avaient comme unique lien d'affiliation la conviction d'être **tous égaux** (au regard de Dieu). C'est pourquoi ils mirent en place des structures permettant à chacun – indépendamment de sa culture d'origine – de s'exprimer « à voix égale ». Ceci aussi peut se généraliser. Les Protestants n'en ont pas le monopole et ils ne peuvent se prévaloir d'un quelconque privilège d'avoir historiquement contribué à la création des premières structures démocratiques. S'ils s'en prévalent, ils risquent le piège de devenir eux-mêmes persécuteurs (c'est bien quand on se croit « supérieur » que l'on commence à se réserver des privilèges, desquels sont exclus d'autres, que l'on désigne alors comme « inférieurs »).

En ce qui concerne les Protestants de nos jours, je suis triste (et inquiète) de constater que nombre d'églises issues de la Réforme ignorent aujourd'hui leurs fondements d'origine. Certaines s'en éloignent même sérieusement, allant à l'encontre du principe de base qui les a fait naître (principe de « tous égaux devant Dieu », tous à parole égale). Comme l'Eglise Catholique, contre laquelle elles protestaient il y a 500 ans, ces églises ont adopté une forme de hiérarchie structurelle, avec un clergé masculin – pasteurs ou gourous – qu'elles qualifient d'hommes « un peu plus proches de Dieu que les autres » et qu'elles écoutent pieusement, « religieusement », sans questionnement. Nombreux sont ces hommes religieux qui se prennent ainsi pour des demi-dieux. Ils se permettent d'asséner leurs « vérités » à leurs fidèles, qui boivent leurs paroles comme si elles émanaient de Dieu Lui-même. Profitant de la fascination qu'ils exercent, ils profèrent des menaces à l'encontre de ceux qui ne se conforment pas à leurs exigences. Il s'agit là d'un phénomène d'idolâtrie (phénomène pourtant virulemment combattu par les écritures Bibliques… paradoxe, non ?). On perçoit, dans ces milieux, un dangereux retour en arrière en ce qui concerne les droits de la femme et de l'enfant. Cette déviance inquiétante est très lourde de conséquences. Elle replonge les fidèles dans les eaux troubles de la soumission, où le libre arbitre de tout un chacun se trouve menacé par l'obligation d'obéissance à quelques individus qui s'imposent à eux, prétendant savoir *mieux qu'eux* ce qui est bon pour eux… Et c'est au nom d'un Dieu d'Amour ou d'un Dieu de Miséricorde que ces individus – qui se croient « supérieurs » – punissent ceux qui ne vont pas dans leur sens !

Conclusion

J'ose avancer que c'est bien **la notion latine de l'Autorité** – celle qui confie l'autorité absolue de réflexion (et la liberté quasi-absolue d'action ou de non-action) à une seule personne sur un territoire donné– qui est la cause de notre *grand malaise*. Par le fait qu'elle confie aux « chefs » le plein pouvoir de commander (et donc de forcer les autres à obéir), elle justifie et encourage les stratégies de manipulation (menaces et intimidations). La Loi Verticale et Unilatérale, pratiquée à chaque niveau de nos institutions (structures hiérarchiques et pyramidales, à pouvoir fortement centralisé), interférent dans toutes les sphères de nos vies, au quotidien, y invitant des jeux de pouvoir, ainsi que la violence et les abus qui les accompagnent.

Il est temps que regardions ce problème en face et que prenions le taureau par les cornes ! La santé des Français et de la France en dépend.

Bien sûr, il y aura toujours des personnes qui se croiront « supérieures » aux autres (se croyant « plus méritants » que d'autres) et qui ainsi manœuvreront pour s'accaparer le pouvoir et en interdire l'accès à d'autres. Nous ne ferons jamais complètement disparaître ce phénomène. Mais nous pouvons faire en sorte que ces injustices ne soient plus légitimées ni **institutionnalisées** !

Si l'on veut permettre à *tout le monde* d'accéder au pouvoir de réflexion, d'action, d'expression, et voir libérer les créativités et les forces vives de notre pays, il nous faut modifier notre concept de l'autorité. Nous devons abandonner le concept latin d'autorité par « droit divin » (qui prétend que le « chef » qui a toujours raison) et céder la place à *l'autorité de compétence* (qui n'est accorder que *ponctuellement* et dans un domaine *specifique* de connaissances). Nous devons faire appel à la ***coopération,*** à *l'honnêteté* et à la ***transparence*** – trois qualités qui mettrons fin a la logique Latine.

C'est à cette incontournable condition que chacun de nos concitoyens pourra jouir des mêmes libertés (la liberté de penser, de voir, de dire, de découvrir, de prendre des initiatives, d'oser des idées créatives...). Chacun pourrait alors développer son potentiel personnel et le mettre activement au service de la communauté, sans craindre les représailles d'un Supérieur, qui, convaincu de posséder à lui seul le droit de réussir une bonne action ou bonne réflexion, tenterait de le faire taire, de l'humilier ou de l'éliminer du paysage. Les sources de reconnaissance (et le pouvoir qu'elles procurent) seraient enfin rendues accessibles à tous. Et chacun recevrait la juste reconnaissance de ses *réelles* compétences et des efforts *réellement* fournis. Les « chefs » ne pourraient plus détourner à leur profit le bénéfice des travaux de leurs « subordonnés » ; chacun, quel que soit son poste récolterait le fruit de ses propres actes et paroles. Chacun parlerait pour soi, et personne ne pourrait plus usurper la parole d'autrui.

Les Français, ainsi moins stressés par les violences institutionnelles, seraient plus heureux au quotidien et la France s'en trouverait enrichie économiquement et politiquement. Notre pays en serait sérieusement redynamisé. Ce déploiement des forces vives servirait grandement notre pays, sans pour autant desservir les autres pays « moins forts ». Car nous aurions compris que ce n'est pas en intimidant les autres (par la « force de dissuasion »...) que l'on suscite leur confiance !

Ainsi, un jour peut-être, les Français pourront se réjouir d'avoir redonné sens à l'adage populaire : « France, pays de la liberté ! ».

LEXIQUE des Expressions

UTILISEES PAR CEUX QUI PRATIQUENT LA LOI DU PLUS FORT

(Et ce qu'elles sous-entendent)

1. *« Que le plus fort gagne ! »* (Les autres méritent de perdre).

2. *« C'est toi le plus grand, donc c'est toi le responsable »* (Les autres sont *moins grands* que toi, donc *pas responsables... irresponsables...?*).

3. *« Tu es qui pour parler ?! »* (Tu n'es « personne », donc tais-toi).

4. *« Fais péter tes galons ! »* (Intimides-les, pour leur rappeler qu'ils sont 'inférieurs' à toi)

5. *« Qui t'a autorisé à faire ceci ? »* (Tu ne peux réfléchir/agir sans ma permission, ou celle d'un autre « plus grand » que toi).

6. *« Ne pose pas de questions et fais ce que je te dis ! »* (C'est moi le chef ; c'est donc moi seul qui réfléchit. Toi, tu agis. Et *dans mon sens...* sinon, gare à toi !).

7. *«Tu n'es pas payé(e) pour penser ! »* (C'est moi le chef, je suis donc le seul à avoir le droit de réfléchir !).

8. *« Mêle-toi de ce qui te regarde ! »* (Ne regardes pas par ici... je risquerais d'être vu.)

9. *« Le respect, ça s'impose ! »* (Si on ne t'accorde pas une autorité de compétence, impose toi – par l'intimidation).

10. « *Qui n'est pas avec nous est contre nous* » (On fera la guerre à celui qui n'est pas d'accord avec nous ; et il l'aura 'bien cherché' !)

11. « *Qui aime bien châtie bien* » (Celui qui aime, peut –et se doit – d'utiliser punitions et menaces pour forcer ses bienaimés à aller dans son sens).

12. « *Quand on aime, on ne compte pas* » (Il ne faut pas tenir de comptes ; il est « normal » que certaines personnes reçoivent plus de reconnaissance que d'autres. Il est « normal » que certains se trouvent « laissés pour compte »). Expression couramment utilisée pour faire taire celui qui revendique la reconnaissance qui lui est due.

13. « *Les chiens aboient, la caravane passe...* » (Fais la « sourde oreille »). Technique pour éviter de se sentir concerné et/ou de se laisser toucher par une revendication. Ceci à pour effet d'encourager l'insensibilité et à la psychorigidité.

14. « *Qui porte le pantalon ici ?!* » (C'est à l'homme – *non pas à la femme* – qu'appartient le pouvoir de réflexion et de décision!)

15. « *Il suffit de pardonner !* » (Si tu blessé – physiquement ou moralement – c'est de *ton* fait, car il suffirait de pardonner ton offenseur dans le silence de ton cœur, et tout irait mieux. La paix de tous serait ainsi rétablie). C'est l'art de retourner la situation en inversant les responsabilités : technique très répandue dans la culture du chef, où l'offenseur ne peut reconnaître ses torts/erreurs et c'est donc a l'offensé de faire l'effort de réconciliation. Ceci méthode pour résoudre les conflits s'avère être « tout gain » pour l'offenseur, car elle lui évite d'avoir à reconnaitre son tord. Et, elle lui évite ainsi d'avoir à prendre en compte le bien-être de la personne offensée. Et... surtout... ca lui épargne l'effort de devoir lui apporter réparation.

16. «Sois responsable ! » (Fais ce qui t'est ordonné, sinon, gare à toi...) Technique d'intimidation pour forcer quelqu'un à se soumettre à sa volonté.

17. « Le chef a toujours raison ! » (On ne discute/corrige pas le chef. Sinon, attention !).

18. « Un seul maître à bord » (la coopération n'est pas de mise ici : seul le chef y sera autorisé à réfléchir et prendre des initiatives).

19. « La meilleure défense, c'est l'attaque » (On ne peut pas faire confiance à autrui, donc il faut toujours garder l'avantage sur l'autre).

20. « Il faut occuper le terrain » (Envahis son territoire ; occupe tout l'espace, de sorte à ce qu'il n'y ait plus de place pour lui/elle).

21. « Je me félicite que tu aies réussi » (Je me fais l'auteur de ta réussite).

22. « Il n'a pas de couilles ! » (Il n'a pas de courage, ce n'est donc pas un homme). Expression très pernicieuse, qui laisse entendre que le courage est une qualité exclusivement masculine (Une femme qui fait preuve de courage n'est donc pas une vraie femme).

Notions véhiculées pour appuyer la logique de la loi du plus fort

Le « *tout accueil* »   Notion fortement prônée par les religions patriarcales et qui encourage ses adeptes à accepter/accueillir *tout* ce qui leur arrive, y compris les coups et les menaces (et d'autres injustices).   C'est un concept qui a pour fonction d'empêcher leurs adeptes de se défendre contre les jeux de pouvoir.   Cela a pour effet de decourager l'usage du mot « non » et d'encourager l'usage du mot « oui ».   C'est ainsi que les « fidèles » de cette religion sont conditionnés à ne pas dire « non » aux choses désagréables qui leur sont imposées.

La « *mère nourricière* »   Terme qui laisse entendre que les actes et les gestes « nourriciers» que l'on peut faire en tant que parent envers son enfant seraient réservés au sexe féminin.   Ceci permet également de tenir les femmes au fourneau et les hommes à l'extérieur.

Le « *père protecteur* »   Terme qui laisse entendre que les actes et les gestes « protecteurs » que l'on peut faire en tant que parent envers son enfant seraient réservés au sexe masculin.   Ce terme laisse entendre que le *père* est le seul parent à pouvoir assurer la sécurité (qui est la source de Bien-être la plus importante).

« *Ma p'tite mère* »   Dans les langues latines, le diminutif est synonyme d'affection et le superlatif est synonyme d'admiration et de respect (grand, important, imposant...).   Résultat, on aime certaines personnes et on en respecte d'autres (dont on a peur).   Amour et respect sont ainsi dissociés, permettant aux individus d'admirer des personnes qu'elles n'aiment pas (et qui leur font peur), et également de ne pas respecter les personnes qu'elles aiment.

Autre effet pernicieux (et fort dommageable) de « l'effet diminutif » : ca n'encourage pas l'enfant à grandir. Car si grandir veut dire *quitter le règne de l'amour pour entrer dans le monde des choses intimidantes (qui font peur)*, qui pourrait être séduit par une telle perspective ? !

TEXTES qui préfigurent
la Grande Déclaration des Droits de l'Homme*

1. **La Magna Charta** – 1215 – en Angleterre : Charte rédigée par des Anglais émigrés en France en révolte contre leur roi Jean sans terre.

2. **Bill of Rights** (*Pétition des droits*) – 1628 – en Angleterre : demande au pouvoir politique de garantir à la fois les droits et les libertés des individus (protection du droit à l'innocence, liberté de circulation, etc.).

3. **Habeas Corpus** – 1679 – en Angleterre : formalisation de la Pétition de 1628 (« loi pour mieux garantir la liberté des sujets »)

4. **Bill of Rights** – 1689 – en Angleterre : définition les droits du Parlement et des citoyens

5. **Virginia Bill of Rights** – mai 1779 – en Amérique : Tient compte de la philosophie politique de John Locke, qui estimait qu'il ne peut y avoir que séparation entre l'Eglise et l'Etat.

6. **Declaration of Independence** – juillet 1776 – en Amérique : pour l'essentiel c'est une reprise du Virginia Bill of Rights et qui « considère comme des vérités évidentes par elles-mêmes que les hommes naissent égaux, que leur Créateur les a dotés de certains droits inaliénables parmi lesquels sont la vie, la liberté, la recherche du bonheur » et que « les gouvernants ont été institués pour garantir ces droits ».

*Tels cités dans l'Avant-propos du livre « *Les Droits de l'Homme* », éditions Librio, 1998

7. **Déclaration des droits de l'Homme et du Citoyen** – 1789 – en France : déclaration de principe qui s'inspire du texte américain de 1776, mais qui, par sa portée générale, s'adresse aux hommes de tous les temps et de tous les pays, consacrant ainsi sa vocation « universelle ».

*****

La **Déclaration Universelle des Droits de l'Homme** – 1948 – fut proclamée par l'Assemblée générale de Nations unie. Ce texte sera adopté solennellement à Paris le 10 décembre 1948 par 48 voix sur 56, 8 pays s'abstenant (il s'agit de l'URSS et de 5 pays du bloc soviétique, de l'Afrique du Sud et de l'Arabie Saoudite).

BIBLIOGRAPHIE

1. « *Les Droits de l'Homme* », éditions Librio, 1998
2. « *Le Petit Robert, volumes 1 et 2* », dictionnaire de la langue française, édition 1996
3. « *Le Nouveau Petit Robert* », édition 1999
4. « *Etymologies du français* » de René Garrus,. Belin, 1996
5. « *Dictionnaire étymologique et historique du français* » Larousse, version 1993
6. « *Dictionnaire illustré de l'Histoire de France* » d'Alain Decaux de l'Académie française, et André Castelot, Perrin
7. « *Encyclopédie Générale Larousse* » Tome 1, Librairie Larousse, 1967
8. « *Quid 98* » Editions Robert Laffont, 1997
9. « *Atlas de la Philosophie* » Encyclopédie d'aujourd'hui de Kunzmann, Burkard et Wiedmann, collection Livre de Poche.
10. « *Les plus belles pages manuscrites de l'histoire de France* » de la Bibliothèque Nationale, Robert Laffont
11. « *National Geographic Atlas of World History* », 1997
12. The World Almanac (and book of facts) 2005, World Almanac Books, USA
13. *Time Almanac 2005*, Pearson Education, copyright 2005
14. L'encyclopédie wikipedia sur internet : http://fr.wikipedia et http://en.wikipedia
15. Petit guide « NAPOLEON » de AEDIS, édition 03200 Vichy
16. « *Le Sentiment Religieux Primitif* », premier cours de la série sur « *L'Histoire des Religions* », de Gilbert Carayon
17. « *La Subversion du Christianisme* » de Jacques Ellul (historien et théologien français), le Seuil, 1984
18. « *La Bible et sa Culture* », sous la direction de Michel Quesnel et Philippe Gruson, Desclée de Brouwer, 2000.
19. « *La Réforme* » de Richard Stauffer, Que sais-je ? PUF

20. « *Les Réformes* » Découvertes Gallimard, par Olivier Christin

21. « *Le Sacrifice Interdit (Freud et la Bible)*», de Marie Balmary, psychanalyste française, Grasset, 1986

22. « *L'autre Face du Pouvoir* » de Claude Steiner, psychologue clinicien Californien et Analyste Transactionnelle (né en France), Desclée de Brouwer, 1991

23. « *Des Jeux et des Hommes* », d'Eric Berne, psychiatre Californien et fondateur de l'Analyse Transactionnelle (né au Canada), Stock 1967

24. « *Des Scénarios et des Hommes : Analyse Transactionnelle des scénarios de la vie*», de Claude Steiner Desclée de Brouwer, 2001

25. « *Le Conte des chaud et doux des chaudoudoux* », de Claude Steiner InterEditions, 1997

26. « *L'A.B.C. des Emotions* », de Claude Steiner, InterEditions, 1998

27. « *L'Intelligence Emotionnelle : accepter ses émotions pour développer une intelligence nouvelle* » de Daniel Goleman, psychlogue et journaliste scientifique, J'ai Lu, 2003

28. « *La réalité de la réalité : Confusion, désinformation, communication* (titre en anglais : « How real is real ? : confusion, disinformation, communication »), de Paul Watzlawick, psychologue, psychothérapeute, psychanalyste et sociologue, docteur en philosophie et en langues modernes (né en Autriche, mort en Californie), Editions du Seuil, 1978

29. « *Don't Think of an Elephant* », de George Lakoff, prof. de linguistiques à UCBerkeley et politologue, Scribe Publications, 2005

30. « *La Nouvelle Grille* », d'Henri Laborit, chirurgien, biologiste, théoricien français (né à Hanoï), Robert Laffont, 1974.

31. « *Eloge de la fuite* » également d'Henri Laborit (livre dont est tiré le poème final de cet écrit), Robert Laffont, 1976.

TABLE DES MATIERES

REMERCIEMENTS...
PREFACE (PAR DR. CLAUDE STEINER).................................
AVERTISSEMENT..

PREMIERE PARTIE : *DIAGNOSTIC*

INTRODUCTION...

I. NOTRE LANGUE VEHICULE UNE « FAUSSE CROYANCE »

    A. La Fausse Croyance ....

    B. Sa Genèse : une « erreur originelle ».................

    C. Ses Fondements...12

        La loi du plus fort..

        La notion d'infaillibilité.................................

        La mise sous tutelle..

        Le mensonge : stratégie nécessaire......................

II. LES JEUX DE POUVOIR.......................................14

    A. Obéissance et Soumission............................ 17

    B. Le Chef a toujours raison............................18

    C. Le « Parent Normatif »............................... 18

III. RESPONSABILITE DES RELIGIONS PATRIARCALES... 19

IV. EFFETS SECONDAIRES NEFASTES......................... 21

    A. Effets Psychologiques....................................

    B. Effets Sociopolitiques (réponses comportementales).....

CONCLUSION..31

POEME D'ALBERT CAMUS 32

DEUXIEME PARTIE : *TRANSMISSION*

INTRODUCTION (L'EVOLUTION A TRAVERS LES AGES)...............33

I. LE CONCEPT DE LOI DANS LA BIBLE 33
   A. La loi « Alliance » (Parole donnée) 33

   B. La loi « Diateke » (Parole partagée) 34

   C. La loi « Testament » (Parole imposée) 35

II. UNE REVOLUTION INTELLECTUELLE........................ 36
   A. La Renaissance 36

   B. La Réforme 38

III. DES REVOLUTIONS POLITIQUES 41
   A. La Révolution Américaine 41

   B. La Révolution Française............................. 41

IV. LE MONDE ACTUEL 47
   D. La France 47

   E. Les Etats Unis 49

CONCLUSION 53
Lexique des expressions 54
Notions appuyant *La Loi du plus fort*........................ 56
Textes préfigurant La Déclaration des Droits de l'Homme........ 58
Bibliographie 59

Pour toute commande ou renseignement, s'adresser à:
« VoiceYourself »
marielle.coeytaux@yahoo.com

www.ingramcontent.com/pod-product-compliance
Lightning Source LLC
Chambersburg PA
CBHW051337170526
45166CB00002B/847